60周年記念版

海洋堂創世記

樫原辰郎

白水社

1970年代の海洋堂ホビー館
スロットカーレーシングサーキットとある

1970年代末頃の
ガレージキット以前の海洋堂ホビー館

今池芳章作
ナウシカの原型とシリコン型

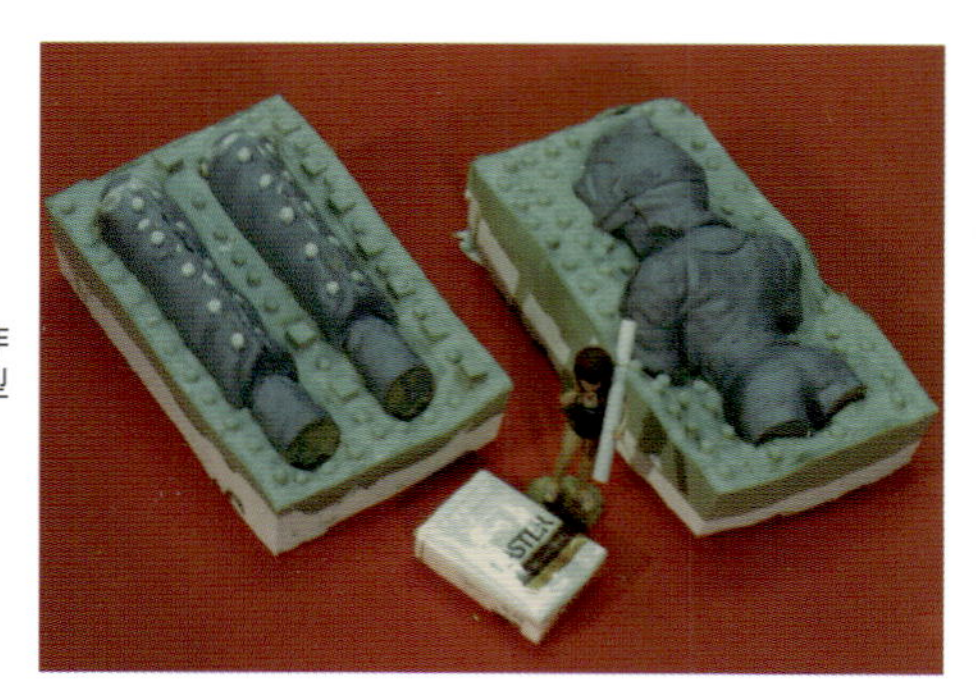

1980年代の海洋堂ホビー館内

原詠人と初代ゴジラ

樫原が山ほど組み立てた
45センチゴジラのボディ

量産工房（袋詰）

手前からゼンちゃん、
モドキ（樫原）、
金谷さん
右奥はヤマモっちん

1980年代当時の
量産工房

ギャラリーでのイベント
右から今池芳章、荒木一成、原詠人

週刊ヤングジャンプの
マスコットキャラ
マックベアを造型する田熊勝夫

大林宣彦監督来館

さびしんぼうフィギュアを持つ富田靖子
説明するセンム

夢工場
総員で未来都市を作る

夢工場
コンビナートを作る橋

夢工場
茶色の背中は樫原

海洋堂2013年3月発売商品
Qミュージアム
『ワールドタンクデフォルメ第1弾 ドイツ機甲師団編』

海洋堂2013年11月発売発売商品
日本の動物第4弾（四国の生き物編）

海洋堂創世記

［60周年記念版］

目次

はじめに……005
1 ガレージキットの誕生……015
2 造形狂の会……029
3 ナウシカ騒動……043
4 ホーリーネーム……069
5 原型師たち……093
6 僕らの1Q84年……121

7 ライフサイズ……141
8 魔神と神泉……159
9 エイリアン襲来……181
10 ソフビゴジラ……199
11 夢工場'87……215
12 さようなら海洋堂……231
エピローグ……239
その後の「海洋堂創世記」……245
あとがき……263

装画……保光敏将

造形……原詠人

装丁……矢野のり子

はじめに

　二〇〇八年の二月、自分が監督した映画『ＰＥＲＳＯＮＡ』の公開で大阪に里帰りしていた僕は、十数年ぶりに京阪電車の門真市（かどまし）駅に降り立った。実家のあるＪＲ放出（はなてん）駅からは京橋（きょうばし）駅で乗り換えて三〇分くらいの距離だ。

　二十代の頃、毎日のように足を運んでいた門真市駅は、改築されて巨大で奇麗な建物に変貌を遂げていた。大阪空港に繋がるモノレールの駅までできていた。これが二十一世紀の門真市か。まさしく今浦島だ。

　ため息をつきながら駅前の広場に出ると、町並み自体はそんなに変わっておらず、拍子抜けするほど、懐かしい景色が広がっていた。多少こぎれいになった感はあるが、これは確かに、僕の知っている門真市だ。

この駅前から北西の方角に向かうと、かつて海洋堂ホビー館のあった殿島町(とのしま)がある。反射的に殿島町に向かって歩き出しそうになるけれど、そっちに行っても、もう知っている建物はない。海洋堂は、駅の東にある柳町(やなぎまち)に移転していた。地図を確認して、以前とは逆の方向に歩き出す。昔、入ったことのある中華料理屋がまだあった。あんまり美味(うま)くなかったけど、懐かしい。車はビュンビュン通りすぎる。人通りはそれほど多くない。昔っから、こうだった。門真市は大阪のベッドタウンのひとつで、なんというか……地味な街である。大阪から見て二駅手前の守口(もりぐち)市駅は大変に栄えているけれど、門真市駅には急行が止まらない。準急も止まらないので、門真市を訪れる人の多くは、守口市でいったん乗り換えて各駅停車を使う。僕も、いつもそうしていた。

門真にはパナソニックの本社やタイガー魔法瓶の本社があるのだけれど、なんでそんな大企業の本社が門真市にあるのか、若い頃はよくわからなかった。

でも、今はわかる。というか、想像がつく。昔はなんにもない土地だったので、大きな工場を建てやすかったのだろう。それ以外の理由は考えられない。

ちなみに、海洋堂の新社屋はタイガー魔法瓶と近所のはずである。

そんなことを考えながら東へ向かって歩いていたのだけれど、歩いても歩いても景色が変わらないので、何か不安になってきた。実は、駅の東側はあまり土地勘がないのである。

ちょうど交番が目に入ったので訊ねてみた。

「すんません、海洋堂ってこっちの方向でいいんですかね?」

こういう時、普段は使わなくなった大阪弁が自然に出る。生まれ育った言葉というのもあるけれど、大阪弁で喋ったほうが相手の反感を買わないですむ、という部分もある。大阪の人間は、東京弁を使う相手に対して敵愾心(てきがいしん)を抱きやすいのだ。まあ、僕自身がそういう人間だったというだけなのかもしれない。

若い警官は親切に教えてくれた。

「ああ、この先ずっと行って、右に曲がってください」

道は間違っていなかったようである。

僕は、同じ道をさらに進んでいった。警官に教えられた交差点を曲がると、そこからは、真っすぐ歩くだけだ。

胸の高鳴りを感じた。実は、駅のホームに降り立った瞬間からドキドキしていたのだ。

僕は今から、どこへ行こうとしているのだろう?

目的地は、二十年以上前にバイトしていた会社だ。

僕がいた頃は貧乏で、給料の遅配なんてこともザラにあった会社。そして、逃げるような形で辞めてしまった会社。だから、懐かしくて、ちょっと後ろめたい気持ちがある。

前方に、それとおぼしき建物が見えてきた。アレに間違いない。その証拠に、巨大な恐竜の首が聳(そび)えている。

ここが、チョコエッグをはじめとする食玩で一大ブームを巻き起こし、世界にその名を轟かせたフィギュアメーカー、株式会社海洋堂の新社屋である。

全景を確認するために、僕は向かい側の歩道に渡った。正面玄関の左右の建物の屋上に、ティラノザウルスとトリケラトプスの首がドドーンと据えられ、虚空に向かって咆哮（ほうこう）している。まるで、風神雷神だ。

思わず、宮脇館長の笑顔が頭に浮かぶ。館長は、大きな物と恐竜が大好きなのだ。僕が知っている館長は、五十代半ばで、零細企業の経営者だったけれど、中身はまるっきり大きな子供だった。館長の周りにいた、当時二十代の若者たちもまた、子供といえば子供のようなもので、大きな子供に、小さな子供たちが振り回されていたようなものだった。そして僕は、その中の一番下っ端だった。「どや！　モドキ、このキョリュウ凄いやろ！」という館長の声が聞こえてきそうだ。あの人は、なぜか恐竜のことをキョリュウと発音するのである。

元気かなあ、館長。もう八十近いんじゃないだろうか。

左右のキョリュウに軽く会釈して、敷地の中に入る。

奥のほうに進んで顔を上げると、正面の建物に、懐かしい神様の御姿があった。正面入り口の真上、ガラス越しに実物大の大魔神像が見えている。

お懐かしや、魔神様ではないか！　思わずその場にひれ伏して、拝みそうになった。

身長五メートル。映画の撮影で使われた本物の大魔神は、京都の大映撮影所が閉鎖される際に海洋堂が引き取ったものだ。今は、海洋堂本社ビルの二階と三階をぶち抜いて設置されている。巨大なガラスの中に鎮座したその姿は、まるでブリスターパックされたフィギュアのようだ。

古（いにしえ）の映画の都、大映京都で生まれた魔神様は、門真の地に安住の場を見つけたのだ。数々の映画スターがこの世を去り、角川に吸収されて大映という会社がなくなった今も、大魔神は海洋堂の玄関先にそびえ立っている。

僕は緊張していた。

恐竜に大魔神、場所も移転して綺麗になったけど、ここは確かに、僕がよく知っている海洋堂なのだ。

ゆっくりと、本社ビルに足を踏み入れた。先に書いたけれど、今を去ること二〇年近く前、僕は、海洋堂を逃げ出すように辞めてしまった人間だ。再びここを訪れるにあたっては、少々後ろめたい気持ちがある。

心臓がバクバクいってる。

この中に、あの連中がいるはずだ。ちょっと怖いけど、とにかく面白い先輩たち。辞めてしまった人も数多いが、寝食を共にしたかつての仲間がまだ大勢いる。

僕にとっての海洋堂は、仕事場というよりは大学の部活に近い。実際、ずっと遊んでいたようなものだったし。それでいて最後には逃げ出したのだけど……。

しかし、広い。

古の海洋堂ホビー館もやたらと広くて、迷路みたいになっていたけれど、新社屋は広い敷地の中に工場や倉庫とおぼしき建物があって、基地みたいだ。

僕みたいなオッサンが基地という場合、イメージにあるのはサンダーバードの秘密基地である。この海洋堂新社屋にも、秘密基地めいた怪しげな雰囲気が漂っている。きっと地下には格納庫があって、有事には地面が割れ、戦闘機か何かが飛び出すのではないか？　などと思ってしまう。

敷地の中ほどにある本社ビルは、昔の海洋堂からはとても想像できないほど綺麗な建物だった。往年の海洋堂ホビー館は模型店と製造工場と倉庫が一つになっていたけれど、今は、店頭販売は行なっていない。敷地の中にある建物は、社屋に工場、そして倉庫だろうか。町の模型店という側面はなくなって、本当にメーカーになってしまったんだなぁと実感する。

中に入ったはいいけれど、どこに行けばいいのかわからずにキョロキョロしていると、社員の人らしい男性を見つけた。

「すみません、モドキていう者なんですけど、センムいたはりますか？」

「ああ、モドキさんですね、ちょっと待ってください」

そう言って、小太りで、ぼさっとした髪形の、いかにも海洋堂の一味らしい雰囲気を漂わせたお兄さんは、近くにあった受話器を取り上げた。

「あ、モドキさんがいらっしゃってますけど……」

おお、モドキという四半世紀前につけられたあだ名が今でも通用している！

「今、専務来ますから」

そう言って、お兄さんは段ボール箱を抱えて奥に消え、僕はまた一人になった。モドキと呼ばれるのは本当に久しぶりだ。正式にはヒサトモドキ、それが海洋堂における、僕のコードネームなのである。本名の樫原辰郎なんて名前、ここでは誰も知らない。

白い綺麗な階段を見上げていると、よっこらせ、てな感じでスーツ姿のセンムが降りてきた。三十を過ぎても、ずっとTシャツにジーンズだったセンムも、スーツの似合う大人になったのか。

「おうモドキ、久しぶりやな」

「センム、ご無沙汰してます」

なぜか緊張してしまって、思わず一礼した。

十何年ぶりだろう。ちょっと白髪が目立つけれど、ほとんど変わっていない。太っちょで、ぱっちりした目元が少年のように凛々しくて、ちょっと昔の時代劇のお役者みたいな顔つきをしている。この人が海洋堂の社長、宮脇修一（みやわきしゅういち）センムだ。

社長なのにセンムとは、これいかに。その辺はおいおい書くとして、十数年ぶりの再会は呆気ないものだった。

センムの後について階段を上がると、そこには広い空間があり、デスクとPCが並んでいた。ここが、今の海洋堂オフィスか。

「モドキさん！」

声のほうを見ると、懐かしい顔が笑っている。村上甲子夫だった。その昔、名前が甲子園に似ているから、お前は村上甲子園を名乗れ、と言われて困っていた男である。結婚を機に海洋堂を離れたはずだったが、いつの間にか舞い戻っていたようだ。

そのすぐ近くに、シゲちゃんこと白井武志の笑顔も見えた。

社長であるセンム（ややこしいな）と、その参謀であり海洋堂の頭脳であるシゲちゃん、そして村上。取りあえず確認できた懐かしい顔は、その三人。

広いオフィスには若い女性もいた。海洋堂に若い女性……昔は考えられなかったことだ。かつての海洋堂で女性といえば、センムのお母さんである常務と、経理のママさんしかいなかった。常務はもちろん、ママさんも、僕らの母親くらいの年齢だったから、僕らはママさんと呼んでいたのだ。

「モドキ、とりあえずそこ座っとけ」

案内されたテーブルに座って、ボケっとしていると、また懐かしい顔がやってきた。

ニヤニヤと笑いながら奥から歩いてきたのは、原型師のボーメさんだ。同じく、原型師の寺岡もやってきた。相変わらず、人のよさそうな笑顔だ。二人とも笑顔なのだけれど、寺岡の顔には邪気がなくてボーメさんの笑顔には確たる邪気があった。

海洋堂に関わった若者は、ほぼ例外なく辛辣で口が悪い人間になるのだけれど、僕の知る限り寺岡と村上は比較的まっとうな人間なのである。

ボーメさんはセンム以上に海洋堂イズムを体現したような人間なので、人見知りは激しいし、親しい人間に対しては親しみを込めた上で辛辣な言葉を吐く。

彼らと離れて四半世紀が経ったけれど、なんにも変わっていないようだった。

「どや、モドキ、みんな変わってないやろ」

こちらの心中を見透かしたようにセンムが言った。

大友克洋（おおともかつひろ）が描く『ＡＫＩＲＡ』の鉄雄みたいに額の広いシゲちゃんは、相変わらず鉄雄のような鋭い目つきで、その昔、僕が心の中で「人見知り王」と読んでいたボーメさんは、昔と同じくカマキリみたいな顔をして、無口で福々しい少年だった寺岡は、相変わらずえびす顔。そして、センム。全然変わってない。本当だ。シゲちゃんがちょっと老けたくらいで、みんな、驚くほど変わってない。二十五年という時間が嘘のようである。

「ホンマに変わってませんな」

ボーメさんが笑いながら言う。

「お前も変わってないやんけ」

確かに、好きな事ばかりやって生きてきたからか、僕もあまり老けてはいないようで、実年齢よりは若く見られる。若い頃のほうが老けて見られたものだ。センムが言った。

「みんな、あのとき魔法をかけられたから、時間が止まってるんや」

魔法て……。

苦笑しながら、でもセンムの言うとおりかもしれないと思った。
あれは確かに、魔法だったのかもしれない。
それを確かめるために、時計の針を二十五年ほど逆回転させてみようか。

1
ガレージキットの誕生

ネットはなかったし、ケータイもなかった。ＤＶＤなんてものももちろんなくて、ＣＤが出回りはじめた頃の話。

ＣＤは一枚三〇〇〇円以上しており、それ以上にＣＤプレイヤーは高価で何万円もしたから、すぐには広まらず、音楽の基本はレコードとカセットテープだった。金のない若者は、友達から借りたレコードをカセットに落として聞いていたのだ。あっという間に消えたけれど、レンタルレコード店なんてものも世の中にはあった。

その少し前、一九七〇年代の末に、世界のＳＯＮＹから、ウォークマンという世にも画期的な商品が売り出されて、若者は皆ウォークマンを欲しがっていた。

海外のアーティストが来日すると、ウォークマンを手に入れて自分の国に持って帰った。

ウォークマンに感銘を受けたAppleのスティーブ・ジョブズは、ずっと後になってiPodという画期的な商品を世に送り出す。iPodは何年もかけてiPhoneという便利なデバイスに進化して二十一世紀の風景を変えることになる。だから僕は、ウォークマンこそがiPhoneの先祖だと思っている。iPhoneと同じように、ウォークマンは二十世紀後半の日常をちょっとだけ未来の風景に変えてしまったのだ。

その頃、正規品のウォークマンは二万円以上もして、とても手が出なかったので、僕が買ったのは、ディスカウントストアで売っていた、二五〇〇円の中国製の似非ウォークマンだった。似非ウォークマンで違法ダビングしたレコードを聴いていると、時折、再生スピードが遅くなって、どんなにPOPな曲であっても、前衛音楽に聞こえた。数週間でぶっ壊れた似非ウォークマンを分解すると、テープを回転させる駆動ベルトに使われていたのは輪ゴムだった。幅広の、太い輪ゴム。それが延びてしまうともう、おシャカである。代わりに家にあった輪ゴムをはめてみると一応は回ったけれど、すぐまた動かなくなってしまった。

そして、七〇年代の後半に発売された家庭用のビデオデッキが、そろそろ各家庭に普及しはじめていた。

家庭用のビデオテープにはVHSとβマックスの二種類があって、後のパソコンにおけるWindowsとMacのようにしのぎを削りあっていた。

二〇万円以上するビデオデッキはウォークマンよりもずっと高価で、CDプレイヤーと同じく、広く普及するまでには何年もかかった印象がある。ＶＨＳとβマックスの戦争はＶＨＳ側の勝利に終わり、βマックスは数年で姿を消した。

ビデオデッキほど、我々の生活を変えた代物はない。ずっと後になって携帯電話とパソコンという怪物が出現し、我々の日常を大きく変えてしまうのだが、それは九〇年代の話。ウォークマンとビデオデッキこそ、八〇年代の二大発明品だった。

ビデオの普及に連れて、巷には小さなレンタルビデオ店がぽつりぽつりと出現していく。こうして、町の景色はどんどん変わっていった。

そしてもう一つ、子供たちの世界で大きな出来事があった。ガンプラブームである。一九七九年に放映されたＴＶアニメ『機動戦士ガンダム』に出てくるロボット型兵器（通称モビルスーツ）のプラモデルが爆発的な売り上げを記録し、社会現象にまでなったのだ。

驚くべきことに、ガンプラと呼ばれる一連のプラモデルが発売されたのは、番組の放映が終わってからである。視聴率が伸び悩み、実質的に打ち切りになった番組のキャラクター商品が飛ぶように売れたというのは奇跡に等しい。

ガンプラが爆発的に売れた背後には、模型雑誌での展開が大きな役割を果たしていた。従来のロボットアニメよりもハードでリアルなドラマが展開されたガンダムにふさわしく、模型雑誌のライターたちが、ミリタリー色の強い方向で改造を加えたガンプラで紙面を飾ったのだ。

それまでの日本のプラモデルは、戦車や飛行機などのリアルモデルは本物そっくりの精密さを誇っていたが、ロボットや怪獣などのキャラクターモデルは玩具っぽい粗雑な代物ばかりだった。そこに、まるで実在の兵器のようなリアル志向で作られたガンプラが出現し、当時の子供たちに馬鹿受けしたのだ。

ガンプラは凄いブームを巻き起こし、その勢いは大人にまで伝わった。

ガレージキットというまったく新しい文化が生まれたったのは、そんな時代であった。ガレージキットという潮流は、模型や玩具の世界に巨大な波を巻き起こし、後には食玩、食品玩具という形で日本の風景を変えた。

ところで、ガレージキットとは何か？

一言で言うと、自主制作＝インディーズのプラモデルである。大規模な工場で生産されるプラモデルを、町の小さな工房や個人の家で製造し、ごく親しい友人にのみ配ったり、イベントなどで少数を販売する。もちろん、大量生産などできるわけもないが、大手のプラモデルメーカーでは不可能な商品展開が可能である。

もともとプラモデルを趣味とする人たち（モデラーと呼ばれる）は指先が器用で、市販のプラモデルを改造してまったく別な作品に作り替えたり、プラスティックの棒や板にパテを盛りつけて、好きな作品を一から作ってしまう（これをフルスクラッチという）人も多かった。もとは市販のプラモデルでも、一流のモデラーの手にかかれば原形を留めぬオリジナルの作品になりうる。

そうやって作り上げたオリジナルを、いったんバラバラに解体して細かいパーツに分け、何らかの方法で複製する。

なぜ分解するかというと、複雑な形状のものはそのままでは複製できないからだ。

複製されたパーツを組み立てて色を塗ると、オリジナルとほぼ同じものが完成する。

手作業で複製したパーツを、家内制手工業よろしく袋詰めしたものがガレージキットだ。市販のプラモデルとは材質も違うし、なによりも手作りだから品質にもばらつきがあったが、買った人間が自分で組み立てて色を塗る点はプラモデルとかわらず、後には既成のプラモデルメーカーにとっても無視できない存在になった。

複製をとる方法は、主に二つある。

一つはバキュームフォームという、熱したプラスティックの板をオリジナルの原型に押しあてて複製を作る方法で、要は、縁日のお面と同じ理屈だ。だが、バキュームフォームは簡単な曲線を再現するのには適しているものの、細かいディテールの複製には向いていない。

もう一つが、キャスティングだ。タイ焼きのような型を作り、そこに液体を流し込んで固める。美術畑では石膏で複製を取る方法が有名だが、壊れやすい石膏の型からお店で売るほどの数の複製を生み出すことは不可能である。

後のガレージキットのルーツとされる作品が、一九七九年の月刊『ホビージャパン』誌八月号に掲載されている。山野（やまの）純治（じゅんじ）による35分の1スケールのロビー・ザ・ロボットだ。この時の記事のタイトルは「君もメーカーになれる」だった。この記事に刺激を受けたモデラーは多かったが、シリコンゴムで型取りし歯科用の樹脂を流し込んで複製されたこのロビー、そう簡単に真似のできる代物ではなかった。

まともな複製品を一つ作り出すために、幾つもの失敗作が生まれた。人に配ったり、売ったりするほどの数を生産することは、不可能に思えた（この頃、一部のモデラーたちは型取り複製に適した素材を求めて、手芸用品店や画材店を探し歩いた）。

そして八〇年代を迎え、時代は動いた。

一九八一年、大阪の川口哲也（かわぐちてつや）が、自作の模型を歯科用のシリコンゴムで型取りし、これまた歯科用のレジンで複製したものを発表したのだ。

歯科技工士である川口は仕事柄、シリコンとレジンによる型取り技術を持っており、一つ一つ丁寧に型抜きされた部品は、市販のプラモデルを超える精度があった。歯科技工士というプロの技術屋が、扱いなれた技術とマテリアルとを見事に転用したことにより、模型造形の水準が一段レベルアップしたのだ。

川口が作ったのは、ご存知、モスラの幼虫や『ウルトラQ』の怪獣ペギラ、『アルゴ探検隊の冒険』に登場するタロス、『宇宙戦争』の主要メカであるマーシャンズウォーマシンなど。これらは原型の出来もよく、初期のガレージキットとしては比較的組み立てが簡単だった。

これらは少数ではあるが量産され、手書きのタグをつけ、ビニール袋に詰められた状態で学園祭や一部の模型店などで販売された。その時点で、歯科用の素材を使った複製品はいくつか発表されていたが、それらはあくまで個人の楽しみのためであり、作り手と直接の知人でもない限り、複製品を手に入れることは困難だった。

そんな状況のなか、たとえ少ない数であっても、販売という一歩を踏み出した川口の功績は大きかった。

ついに、巷にいる個人のモデラーがメーカーになる日が来たのだ。

川口の活動に刺激を受け、各地で、腕に覚えのあるモデラーたちが自作のメカや怪獣を複製し、販売するという流れが生まれる。

その流れを強く後押ししたのが、一九八二年に創刊されたＳＦムック『宇宙船』（朝日ソノラマ）だった。

もともと、ＳＦ映画や特撮番組を紹介するビジュアル雑誌として出発した『宇宙船』だったが、同誌の編集者・聖咲奇（ひじりさき）は世界最大のＳＦコレクターであるフォレスト・Ｊ・アッカーマンの友人ということもあり、ＳＦ関係の模型やレプリカにはことのほか詳しく、思い入れも強かった。『宇宙船』の誌面で聖は、ＳＦ特撮関係の模型を「ＳＦ３Ｄ」と呼称し、読者からの投稿写真を大々的に取り上げた。

アジテーターとしても一流だった聖に煽られる形で、全国のアマチュアモデラーたちは、ゴジラやキングギドラの模型を作り、せっせと『宇宙船』に投稿することになる。ＳＦ・アニメ系のモデラーにとって、聖が主催する『宇宙船』のカラーグラビアは模型の腕前を競い合う場になった。

全国区の雑誌で取り上げられることに刺激を受け、モデラーたちの技術は飛躍的に伸び、彼らの中からガレージキットの流れを牽引する原型師が誕生することになったのである。

ガレージキットの歴史は、怪獣やＳＦ特撮映画に出てくるメカを作ることでスタートした。

なぜ、怪獣／特撮物というジャンルだったのだろう？

それには歴史的な必然があった。冒頭で書いた、ビデオデッキの普及である。精密な模型を作るには詳しい資料が必要となるが、それまでは、ろくな資料がなかったのである。特にゴジラのような怪獣などは、子供向けのムックに掲載されたスチールなどしか資料がなかった。さもなければ名画座で上映されるのを見に行くか、ＴＶでの放映をじっと待ち、目を皿のようにして見つめるかだ。

だが、巻き戻しや一時停止といった機能のあるビデオの出現によって、モデラーが作りたいと思っていた怪獣やメカのフォルム、ディテールを細かく観察できるようになった。

ＴＶや映画で怪獣を見て育った世代は、リアルな怪獣の模型＝玩具を切実に欲していたのだ。

六〇年代後半、ＴＶ番組『ウルトラマン』の大ヒットによって巷にはソフトビニール製の怪獣人形が溢れたが、それらはどれも子供用に可愛らしくディフォルメされ、映像で見る怪獣の縫い包みとはほど遠い形状だった。似ていないだけではなく、迫力もない。怪獣のビニール人形はヒットして飛ぶように売れたが、子供らの多くは心の中で、もっと映像に近い、リアルで迫力のある怪獣を手に持ちたいと思っていた。

そして迎えた八〇年代、かつて本物に似ても似つかぬ怪獣人形で遊んだ子供らは学生や社会人になり、自分たちの手でリアルな怪獣を作り始めたというわけだ。

怪獣の原点といえば一九五四年、かの名作『七人の侍』と同じ年に、怪獣映画の代表『ゴジラ』が誕生し、海外にまでその存在を知られ、怪獣ブームを巻き起こしてシリーズ化された。しかし、一九七五年の『メカゴジラの逆襲』を最後に新作が作られなくなっていて、怪獣ブームが去ったとされていた時期のことである。

七〇年代の後半から、青年期にさしかかったかつての怪獣少年たちが、再び怪獣映画に対する情熱を再燃させはじめていた。

各地の名画座では怪獣映画の特集オールナイトが組まれ、SF大会のようなイベントでも、特撮・怪獣映画を扱った企画が増えていった。大人になった少年たちが、自らの手で怪獣ブームを復活させようとしていたのだ。

SF系のファンクラブの動きはヒートアップし、特に「ゴジラ復活委員会」というファン組織は、旧作のシナリオやスチール、企画書を採録した分厚い同人誌を世に出し、ゴジラシリーズの再開を強く訴えかけていた。

この流れはガレージキットの潮流とも合流し、ついに一九八四年の『ゴジラ』新作復活に繋がる（この時のゴジラのデザインは、原詠人（はらえいと）の原型による海洋堂のガレージキットを参考にしている！）。

七〇年代の後半からジワジワとSFブームが起きていた。一九七四年に放映されたTVアニメ『宇宙戦艦ヤマト』は、本放送の時点では――当時のお化け番組『アルプスの少女ハイジ』の裏番組ということもあって視聴率が伸び悩み――当初の放映回数を下回る形で打ち切りになった。だが、再放送で人気が高まり、七七年にはTV版を再編集した形で劇場映画が公開され、封切り前夜には徹夜で行列を作るほどの記録的ヒットとなった。ヤマトの人気を支えたのは、中高生のみならず大学生の熱狂的なファンたちだった。彼らは、地道なファンクラブ活動で、不人気番組だったヤマトを大ヒットコンテンツにまで押し上げたのだ。

この頃から、アニメで育った世代が青年期に突入し、従来は子供向けと思われていたアニメーションの視聴者層が高くなってゆく。アニメで育った世代が、自分から情報を発する年齢まで成長したのだ。

アンダーグラウンドな土壌から全国区にまで発展したヤマトの人気は根強く、深夜ラジオ番組「オールナイトニッポン」では生放送でラジオドラマ『宇宙戦艦ヤマト』をオンエア。深夜にもかかわらず、大変な話題を呼んだ。

また、マニアックな編集方針で、ごく一部にしか知られていなかったサブカル雑誌『OUT』が誌面で大がかりなヤマト特集を組んだところ、凄まじい売り上げを記録し、結果的に『OUT』はサブカルチャーからアニメ専門誌に方向転換してしまう――というような出来事もあった。

打ち切りになったアニメが、再放送で人気上昇、劇場映画版公開という『宇宙戦艦ヤマト』の流れは、後に『機動戦士ガンダム』がまったく同じ道筋で辿ることになる。

最初期のガレージキット

ヤマト劇場版と同年、アメリカで映画史上最大のヒットを飛ばしたのがジョージ・ルーカスの映画『スター・ウォーズ』である。ベトナム戦争以降、停滞していたハリウッド映画の流れそのものを変え、世界中で、宇宙を舞台にしたSF映画が制作されるようになる。

『スター・ウォーズ』大ヒットの噂はすぐさま日本にも届いたが、配給の東宝東和は翌年まで日本公開を送らせることで、観客を焦らせ、巷のスター・ウォーズ熱を加熱した。万を期して公開された『スター・ウォーズ』はさまざまなタイアップも成功して、日本でも大ヒットとなり、巷にはSF的ビジュアルが溢れかえることとなった。この頃創刊されたSFビジュアル雑誌『スターログ』の表紙は『スター・ウォーズ』の人気キャラ、ダース・ベイダーである。

世間を賑わすSFブームの影響を真っ向から受けたのが、プラモデルの世界である。リアルに改造されたガンプラやスター・ウォーズの作品例が模型雑誌の誌面を飾った。戦車や飛行機などのリアルなプラモデルを組み立てるために培われた技術が、ロボットや宇宙船のプラモデルに活かされることになったのである。

ビデオの普及によって、日本人の映像文化は大きく変貌した。

そして、『宇宙戦艦ヤマト』や『機動戦士ガンダム』の、半ば口コミによるヒットは、アニメのファン層を大きく成長させた。

さらに、『スター・ウォーズ』によってSF映画は進歩し、ハリウッド映画そのものが新たな時代に突入した。

それらの流れを受け、ガンプラの出現によって、日本のプラモデル文化も新たな局面を迎えていた。それまでリアル志向の帆船模型やゼロ戦などの模型に比べて一段下に見られていたＳＦ・アニメ系のプラモデルが、モデラーの技術向上とともに地位を向上させつつあった。

ガレージキットが誕生し、急速に成長した背景には、こういった複数の要素があった。

また、自主制作（インディーズ）という概念が広まりつつあるのも大きかった。

もともと、大学などのＳＦ系サークルやファンクラブなどでは、会報という形での同人誌出版が盛んに行なわれていたが、七〇年代の後半から、アニメ番組やキャラクターのファンクラブが全国に出現し、規模は異なるものの、同人誌を出版していた。

そして音楽の分野でもパンク・ニューウェーブ系を中心に、アマチュア、セミプロによる自主制作という動きが出てきた。こちらも、プロによる従来の製品に飽き足りない層が後押しして、インディーズから出発してメジャーデビューするというアーティストも出現していた。この時期、ガレージキットとインディーズバンドとは、直接交流することはなかったが、同じ時代の空気が生み出したものなのは間違いない。

ともあれ、八〇年代の初頭に、アマチュアでもプラモデルメーカーになれる、という夢が実現してしまった。

そこからは百花繚乱だ。

大勢のモデラーが我も我もと立ち上がり、第一次ガレージキットブームが到来した。

たった一人で子犬ほどもある巨大なゴジラ、バラゴンを作ってファンの度肝を抜いた神戸出身の井上雅夫（イノウエアーツ）をはじめ、『宇宙船』主導で行なわれたイベントや特撮大会で知り合った有志で結成された大阪ゴジラ団が、リアルな怪獣模型を発表し、イベントなどで販売を始めた。

ガレージキットの始祖、川口が大阪在住だったことは実は大きい。小松左京や筒井康隆を輩出した大阪は、深夜枠でやたらと『宇宙大作戦』が再放送されるという、SF文化の盛んな土地柄でもあった。川口以降のガレージキットは、大阪主導で進んでいくことになる。

そして、川口が自分のキットを行きつけの模型店、海洋堂に持ち込んだことから、ガレージキットの歴史は大きく動きだすことになる。

2
造形狂の会

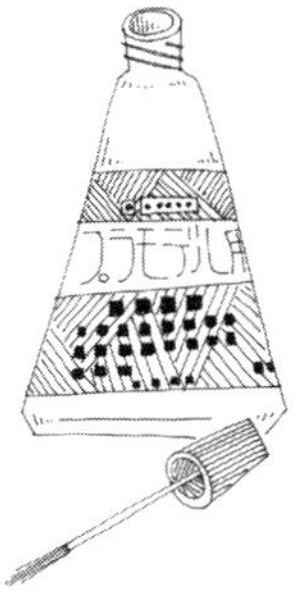

海洋堂は、一九六四年（昭和三十九年）に京阪土居駅前に誕生した模型店である。昭和三十九年といえば、東京オリンピックが開催され、東海道新幹線が開通した年で、高度成長期のど真ん中である。

ちなみに、国産のプラモデルが誕生したのは昭和三十三年。テレビや洗濯機のような電化製品と同じく、プラモデルも高度成長時代に売り上げを伸ばした産業だった。

オーナーの宮脇修は高知県出身、海洋堂を開くにあたって、故郷で学んだ手打ちうどん屋にするか、プラモデル屋にするかで悩んだという（どっちにしても店名は海洋堂と決めていたらしい）。豪放磊落でおしゃべりが好きな宮脇の性格は、客商売には向いていたのだろう。創業十数年のこの時点で、海洋堂は地元の少年たちが出入りする模型屋として、京阪沿線に根をおろしていた。

宮脇の長男である修一は、高校に進学せずに親の店を手伝っていた。物心ついたときから模型に囲まれて育ってきたので、根っからの模型の申し子であり商売人の息子でもある。

ここで少し、昭和のプラモデル屋について説明が必要だろう。

今では町中で見かけることも少なくなってしまった駄菓子屋と並んで、プラモデルの小売店は地元の子供らがたむろする社交の場でもあった。往年のプラモデル屋のショーケースには立派な完成品のプラモデルが飾られていたものだが、そのほとんどは、店の客が自前で購入した模型を自分で組み立てたものだった。

プラモデル屋に集う少年らにとって、ショーケースは自作の完成品を友達に見せびらかすための晴れの舞台でもあった。

海洋堂にも、模型が好きな少年たちが大勢たむろしていた。その常連たちの中に、ＢＯＭＥ（ボーメ）や今池芳章（いまいけよしあき）といった後の海洋堂を代表する原型師がいたのだ。川口だけではなく、後に恐竜造形で世界的な認知を得る針師カズやんこと荒木一成（あらきかずなり）も客の一人だった。

つまり、海洋堂には最初から凄腕の造形家予備軍が揃っていたのだ。

海洋堂の店頭には、オーナーの宮脇だけではなく、息子の修一がいた。後にセンムと呼ばれる修一は、少し年下の常連たちから兄チャンと呼ばれて慕われていた。客と経営サイドの距離がきわめて近かったことで、海洋堂には濃密な空気が漂っていた。

宮脇は、かなり早い段階から、プラモデルをアートの領域にまで高めたいという理念を抱いていた。海洋堂の正式名称を「海洋堂ホビー館」としたことで、自ら館長を名乗っていた宮脇と、口が達者で愛嬌のある修一の親子は、優秀な商売人であると同時に、アジテーターでもあった。宮脇が提唱した「アートプラ」という基本理念は、最初はまったく理解されなかったらしいが、常連の少年たちの心の中にはジワジワと染み込んでいったのだ。

もともとは「単なる模型ではなく、大人の鑑賞にも堪えうる芸術としてのプラモデル＝アートプラ」という意味合いで館長宮脇が使いはじめた言葉だったが、ずっと後になって海洋堂が生み出した数々の作品は、実際に世界のアートシーンを揺るがすことになる。海洋堂を他の模型屋とは一線を画す存在にしたのは、このアートプラという概念だった。

ガレージキット前夜ともいうべき時代、常連の少年たちはプラモデルを買う金がないときでも海洋堂にたむろしていた。彼らは、修一こと兄チャンと模型の話をするだけで楽しかったのだ。自分も後に仲間になったからよくわかるが、好きなことというのは語り合うだけでも楽しい。

修一は、店の一部を使って金を使わない困った客である彼らにフルスクラッチをやらせていたという。それが大勢のモデラーが出入りする、造形工房としての海洋堂のルーツだろう。

技術を競う場所があれば、若者はいやでも成長する。ガレージキット誕生の時点で、海洋堂の創生期には、かなりの凄腕のモデラーが揃っていた。宮脇館長が彼らにつけた名称が「造形狂の会」。文字通り、模型に狂う危険で不穏な若者たちだ。

そこに、川口が自作のモスラを持ち込んだわけだ。兄チャンを筆頭に、造形狂の会の面々の血が騒いだ。

彼らは狂ったようにガレージキットを作りはじめる。狂乱の日々の幕開けである。

修一が最初に注目したのは、安価に量産できるバキュームフォームのキットだった。

復刻版と称して、絶版になった過去のプラモデルを石膏で型取りして、バキュームフォームで複製を作る。要は、既製品のコピーである。世の中には版権とか著作権というものがあるので、いかに絶版プラモデルとはいえコピーを売るのは違法なはずだが、ガレージキットの初期には、この手の無法がけっこう許されており、ごく初期の一九八四年頃までは他のガレージキットメーカーも似たようなことをやっていたのだ。

ガレージキット以前にスロットレーシングのサーキットを設置してお客を呼んでいた海洋堂には、スロットカーのボディを作るためのバキュームフォーム成形機があり、これを造形狂の会で使っていたのだ。

バキュームフォームで抜いたキットは組み立てるのにかなりの技術を要するため、あまり売れないものが多かった。兄チャン原型のお面シリーズというのがあって、ルパン三世やジャリン子チエのお面を売っていたのだが、ジャリン子チエのお面は実売数ゼロ。一時期は、イベントがあるたびに、売れないお面を参加者に配っていた。バキュームによる試作が続いていたところに、川口の歯科用レジンキットが持ち込まれたので、海洋堂もシリコンとレジンによる複製法に乗り出す。

そして、一九八一年には、SFオタク文化において最も重要な事件とされる第二〇回日本SF大会（通称DAICON3）が開催され、海洋堂も出店している。

DAICON3の中心人物だった岡田斗司夫と武田康廣は、翌八二年、大阪は桃谷に、世界初のSF専門店という触れ込みで——実はそれ以前にスターログのショップが東京と大阪にあったので世界初というのは誇大広告になるのだが——ゼネラルプロダクツ（通称ゼネプロ）を開店する。ゼネプロは、海外から輸入した『スター・ウォーズ』のフィギュアやポスターと同時に、Tシャツやガレージキットなどオリジナルの商品をずらりと揃えて販売する、画期的なショップだった。

ゼネプロの特徴は、豪華な広告とパッケージだった。ゼネプロのスタッフは、SFファンの学生による人脈が中心だったため、デザインやイラストに関してはプロ級の人材がいたのである。模型雑誌に広告を打ち、ガレージキットを全国に向けて販売したのはゼネプロが日本初だろう。ゼネプロのキットはカラーで印刷されたパッケージも美しく、組立説明書に至っては、メジャーなプラモメーカーよりも豪華な代物だった。

ちなみに、初期ゼネプロの広告には「初心者でも簡単!!　ゼネプロオリジナルバキュームフォームキット」などと書かれていたけれど、これは大嘘で、かなりプラモデルを作りなれている人間でないと完成させるのは困難な代物だった。

バキュームキットならすでにいくつも手がけていた海洋堂は、ゼネプロの出現に驚きつつ、挨拶を兼ねて常連でありスタッフだったＢＯＭＥと安良ひろちかをゼネプロに向かわせた。ところが、ゼネプロサイドには相手にされず、ＢＯＭＥたちは手ぶらで帰ってくることになったという。

少し話は戻るが、海洋堂がＤＡＩＣＯＮ３に参加するきっかけとなったのは、ゼネプロの岡田が海洋堂に来訪したことだった。岡田は、海洋堂を通じて川口にコンタクトを取り、シリコンやレジンの知識を身につけたのだった。

そんな経緯もあり、まったく知らない仲ではないゼネプロに門前払いに近い扱いを受けたことで、海洋堂サイドは大いに腹を立てたらしい。

僕は当時いなかったので、怒ったのが兄チャンなのか館長なのかわからない。だが、おそらくは親子で怒り狂ったのだろうと思う。館長は、当時すでに五十をすぎていたのに、子供がそのまま大きくなったような人だったし、兄チャンことセンムも、社会に出たのが早かったので基本は大人だけれども、もの凄い負けず嫌いなのである。

負けず嫌いで意地っ張り。それが、海洋堂の精神の根幹だ。「おのれゼネプロ！　あいつらにだけは負けるものか！」みたいな炎がめらめらと燃え、海洋堂のスタッフにもその炎は伝染した。

というわけで、八〇年代初頭に誕生したガレージキットの二大メーカーである海洋堂とゼネプロは、非常に仲が悪かったのである。後にワンフェスという舞台での劇的な和解劇があるのだが、ともかくこの頃、海洋堂のほうではゼネプロを敵視していた。海洋度の中にいた頃、何度ゼネプロの悪口を聞いたことか。

とはいえ、敵はゼネプロだけではなかった……。

驚くべきことに、ゼネプロがオープンした時点で、ガレージキットのほぼ全部が版権元の許可を得ていない無版権商品だった。つまり、違法な商品である。なのに、海洋堂もゼネプロもガレージキットを売っていた。なぜ、そういうことが可能だったかというと、会員制という抜け道があったからだ。海洋堂はホビークラブ、ゼネプロはノウンスペースクラブという名称で年会費有料の会員制度をしき、会報を発行していた。その上で、版権のない商品は会員にのみ販売するというシステムだ。

この時代、町には大小のレンタルビデオ店が誕生していた。今のＴＳＵＴＡＹＡのように大きなものではなく、潰れた本屋を居抜きで改造したような小さな規模の店ばかりだった。そういうビデオ店では、会員相手に、市販のビデオをダビングして売るという行為が横行していたのだ。ビデオテープを買ってくれたらサービスでダビングしますよ、というような建前の店が多かった。一番の利用者はアダルトビデオのユーザーで、その次がアニメ特撮のファンだった。もちろん、これは後に問題となり、そういう商売を行なっていたビデオ店はあらかた潰れてしまったわけだが、ガレージキットメーカーも初めはビデオ店と同じ海賊商法だった。

先に版権取得に動いたのはゼネプロだ。『ウルトラマン』に登場する主要メカ、ジェットビートルの版権を円谷プロに申請し、許諾をとったのだ。

実は、ジェットビートルは海洋堂もバキュームフォームにしていた。海洋堂のビートルは大昔のプラモデルを大改造してバキュームにしたもので、あくまでも身内で楽しむためのものだった。

そこに、同じビートルを同じバキュームキットで出してきたのだ。ゼネプロのほうは、洒落たパッケージに豪華で分厚い解説書がついている。正規の商品であり、いかにも本物はこちらですと言わんばかり。ゼネプロにはゼネプロで、ガレージキットという生まれたばかりのメディアをメジャーなものにすると同時に、商売敵である海洋堂を潰してやろう、というくらいの気持ちはあったのではないか。

対する海洋堂としては、面白いわけがない。ゼネプロに対する対抗意識むき出しで、海洋堂も版権取得に乗り出した。それが東宝に版権を申請し取得したキット、海底軍艦だった。これは、ボディがバキュームフォーム、ドリルがレジン製というハイブリッドな商品で、かなり画期的なものだった。パッケージもこの頃の海洋堂には珍しく、ちゃんとしたデザインで印刷されている。

今では信じられない話だが、初期の海洋堂の商品は、ボール紙の箱にマジックで手書きの商品名を書いただけのものだった。一個何千円もするようなキットをそんな状態で売っていたのだから、いい度胸をしているというか、中身には自信があったというか……。

ちなみに、「ゼネプロ製ジェットビートル対海洋堂製海底軍艦」の対決は、ある意味どっちもどっちな結果に終わった。先に書いたように、バキュームフォームキットを作るのはすごく難しいので、どちらも普通のプラモデル好きにとっては、ちゃんと組み立てて完成されるのが困難な代物だったのである。どちらも模型雑誌に広告が載り、それなりに売れたとは思うが、完成させた人はごくわずかだろう。

僕自身、どちらも買ったけれども完成させることはできなかった。僕が買った海洋堂謹製の海底軍艦は、ドリルの成形が大幅にズレており、旋盤でも使わないと修正できないような代物だった。

ゼネプロは、これ以降も版権を取得し、豪華なパッケージのキットを出した。

海洋堂もパッケージには試行錯誤したが、ゼネプロのように綺麗な箱や丁寧な説明書という方向には進まなかった。それは、海洋堂館長・宮脇の「模型は完成度がすべて、入れ物はどうでもよい！」という信念が海洋堂のスタッフ全員に行き渡っていたのも大きいが、ゼネプロのような広告代理店的な商品展開をするための人材が海洋堂にはいなかったというのが実情だった。複数の大学生のサークル活動を母体に人が集まってきたゼネプロに対し、町の模型屋と常連客で形成された海洋堂との違いだろう。

当時の模型雑誌に掲載された初期のゼネプロの広告を見ると、本当に達者で洗練されている。館長の無骨で実直な文章が並ぶ海洋堂の広告とは好対照だ。

ゼネプロには、実際に凄い才能の持ち主が集結していた。その才能は、後にガイナックスという名のもとに日本のアニメを根本から揺るがし、覆すような仕事を成し遂げる。庵野秀明（あんのひであき）さんをはじめ、絵描きやらアニメーターやら映画監督やら、後のカルチャーを背負ってたつレベルの才能が、未完成の状態で集っていたのがゼネプロだ。

対する海洋堂にも凄い才能が集っていた。だが、海洋堂に集う才能は基本的に全員不器用なのである。模型だけ作っているぶんには天才レベルなのだけれど、他のことはからきしダメ。日常生活に支障を来すくらい変人だけど、造形だけは誰にも負けない――というような人ばかりが集まってくるのだ。中には、僕みたいに模型すらヘタクソという問題外までいる。

今にして思うのは、才人・岡田が率いるゼネプロには、生まれたばかりのガレージキット業界の覇権をすべてかっさらえるだけのポテンシャルがあったということだ。実際、他のメーカーの多くは個人の趣味レベルだったから、委託販売という形でゼネプロに商品を卸していた。ゼネプロがその気になれば、少なくともガレージキットに関しては天下統一できていたのではないか。ただ、模型店としては歴史のある、そして町の模型屋にしては異常なほど腕の良いモデラーが集まっていた海洋堂だけは、ゼネプロに異様な敵愾心を燃やすことになってしまった
両雄が対立することでガレージキットの世界は、いきなり戦国時代に突入した。まだ誕生したばかりだというのに、もはや戦乱絵巻である。

そして妙なことに、敵対する海洋堂とゼネプロとは直接戦うことはなく、その周囲で戦の炎があがることになったのだった。

この時期は、本当に短い時間の中で、いろんなことが起きていた。

メディアへの露出が増えるにしたがって、海洋堂には新たな人材がやってくるようになった。それまで宮脇親子と常連たちによって濃密な模型空間が作られていた海洋堂に、即戦力となるような凄腕のモデラーたちが集結しはじめたのである。

京都市立芸術大学の学生だった速水仁司(はやみひとし)は、「101匹怪獣大行進」と銘打った101体の怪獣模型を引っさげて海洋堂に参戦。101の怪獣のうち、数体が海洋堂からキット化された。

速水は101匹の怪獣に飽き足らず、映画に出てくるゴジラのバリエーションを全種類造形するという前代未聞の試みに挑戦した。昭和二十九年の初代『ゴジラ』以降、作品によって別なぬいぐるみが作られ、一作ごとにゴジラの顔つきが違うことは、ファンには常識だった。だが、それを模型で全種類作り分けたのは速水が初めてである。MSV（モビルスーツバリエーション：バンダイが展開していたガンダム商品のバリエーション）にならってGSV（ゴジラスーツバリエーション）と称された八体のゴジラは、すべて海洋堂からキットとして発売され、話題を呼んだ。

奈良県の学生、白井武志(しらいたけし)は、自作のバルタン星人を海洋堂に持ち込んで、センムや常連の度肝を抜いた。白井は、海洋堂には珍しい一般常識の持ち主で、原型師として活躍しながら企画開発の面でも海洋堂の中枢となって活躍し、今に至る。

白井はもともとSFファンで、ガンプラブームをきっかけに模型の道にハマったが、ほぼ初めてフルスクラッチしたバルタン星人で並みいる海洋堂クルーを驚かせ、そのまま中心人物の一人になってしまったのだから、大した才能の持ち主だった。本人は、ホビー誌の広告に宮脇館長が書いた長文の広告を読んで感激し、海洋堂の門を叩いたのだという。当時の宮脇が書いていた文章には、若者を動かすだけの熱意があった。

そして、『宇宙船』の読者投稿ページで数々の怪獣を発表し、高い評価を得ていた岐阜県在住の原詠人も海洋堂に参加する。原の造形は凄まじくリアルで、彼が作り出した怪獣たちが醸し出す艶かしい生物感は、当時の水準から抜きんでていた。

この頃には、試行錯誤を繰り返していた昔からの常連の造形技術も相当なレベルに達していたが、新たな戦力の増加は、全体のさらなるレベルアップにつながった。海洋堂のモデラーたちは、仲間であると同時にライバルだ。ライバルが増えることで、自然と切磋琢磨する環境が成立する。この時点で、これだけのモデラーが集まる場は他にはなかった。

海洋堂の後を追って数々の模型店がガレージキットに手を出したが、海洋堂を超えるメーカーは出てこなかった。集団で競い合いながら進化する海洋堂の造形家集団には敵わなかったのだ。

しかも、集ってきたのは若いモデラーだけではなかった。雑誌を通じて、一部から注目を集めはじめた海洋堂に、ある日、成田亨(なりたとおる)がやってきたのだ。

成田亨は知る人ぞ知る彫刻家にして、初代ウルトラマンのシルバーと赤の造形をデザインした男だ。この頃には円谷プロを離れ、フリーで映画『麻雀放浪記』の特撮などをやっていた成田のアートワークは『宇宙船』で大きく取り上げられていた。当時の海洋堂と言えば、オリジナルの造形物もあったけれど、まだ市販のプラモデルの改造コンテストをやっていた、あくまで町の模型店である。それが、成田という「ウルトラマンを作った男」のお墨付きを得たのは大きかった。

宮脇らと意気投合した成田は海洋堂のために、企業としてのロゴマークと、通称ゴモラキックと呼ばれるシンボルマーク、それにオリジナルの怪獣デザインを描き下ろすことになる。成田が描いた怪獣クラッシュホーンは、言うなればガレージキットから生まれた怪獣だ。ゴモラキックは、この後、シールになって、長い間、海洋堂の商品パッケージのラベルとして使われていた。

この頃から、色んなジャンルの人間を巻き込む、海洋堂独自の磁場が発生していた。磁場の発生源は、言うまでもなく、模型アジテーターの宮脇だ。実際に造形の場で試行錯誤を繰り返していたのは息子の修一と仲間の常連モデラーだったが、この時点ではまだ彼らは、自分らの作りたい物を作っていただけだ。

海洋堂の造形物が外部に向かってアピールした原動力は、館長の宮脇の「模型をアートに！」というスローガンだった。

成田亨だけでなく、さまざまな人たちが誕生して間もないガレージキットと海洋堂に目を向けはじめていた。さて、ここまでが当時の関係者から聞いたり調べたりしたガレージキットの歴史。

ここからは、僕が自分の目で直接見てきた歴史になる。

3
ナウシカ騒動

僕は二十歳になるかならないかという年頃で、大学生だった。
通っていたのは大阪芸術大学という歴史の浅い大学で、これはもう馬鹿ばっかりの学校だったのである。
この学校は、後に著名な漫画家や映画監督をゾロゾロと輩出して世間に名を売るのだけれど、当時はそんなことはわからない。何しろ学科試験なしで入学できる学校だったから、勉強できる奴が来るわけはなかった。というわけで、四年制の専門学校とか大阪芸能大学などと、蔑むように言われていた。誰が蔑んでいたかというと、もちろん在校生たちである。
それでも、一応は芸術大学だから、音楽とか美術で入学してくる学生はそれなりに優秀なのがいたようである。

ただ、僕が在籍していた文芸学科（普通の大学の文学部に相当する）や映像計画学科、それに「何をするのか？　芸術計画」と唄われた芸術計画学科は馬鹿が多かった。先に書いたように入学テストに学科試験がなかった。面接と論文だけで入学できたのだ。これでは頭の良い学生が集まるわけがない。

僕自身、高校でまったく勉強をしなかったため、お前のような奴に入学できる大学などないぞと担任に脅され、学科試験のない大学を探した結果、見つけたのが大阪芸大だったのだ。論文と面接だけなら楽勝だと思ったが、実際その通りで、簡単に合格して何の苦労も知らないまま大学生になれた。

はなっから四年間を遊び倒すつもりだった。周りの連中も似たようなもので、勉強などろくにしたことのないのが勉強しないまま大学生になって、勉学と縁のないキャンパスライフを送っていた。僕ももちろん勉強などせずに自堕落な日々を送っていた。二回生になっていたので、そろそろ学校に行くのも面倒臭くなって、昼過ぎまで家で寝ていることも多かった。

そんな矢先、楽器店のチラシを配るアルバイトの途中、立ち読みした雑誌『宇宙船』でガレージキットのことを知ったのだ。

カラーグラビアに並ぶ超リアルなゴジラの模型に、目を奪われた。最初は立ち読みで済ます気だった『宇宙船』を買って帰り、何度も読み返した。

それくらい、その時の『宇宙船』にはインパクトがあったのだ。

知っている人も多いと思うけれど、ゴジラの映画は何本も作られていて、作品によって微妙にぬいぐるみの顔が違う。（この、ぬいぐるみのことを着ぐるみと呼ぶのも宇宙船で得た知識だ）『キングコング対ゴジラ』のゴジラは顔が平べったくて、トカゲのような印象。『モスラ対ゴジラ』のゴジラは、細身でシャープな顔をしている。

ゴジラの顔が一作ごとに違うのは子供の頃から気がついていたけれど、その違いを模型で再現するという発想はなかった。何よりも、昔は、リアルな怪獣の模型というものが存在しなかったのだ。自分が幼い頃に遊んだ、子供だましの怪獣人形とは根本的に違う何かがあるのを感じた。

一冊ではわからないことも多く、『宇宙船』のバックナンバーや模型雑誌『ホビージャパン』を漁って、ガレージキットについて調べた。歴史が浅いから、数日でだいたいのことは飲み込めた。

何よりも僕を魅了したのは、ガレージキットという概念が持つアナーキーな魅力だった。

僕は、昭和の子供だから、プラモデル自体は子供の頃に、いっぱい作って、いっぱい壊した。そして飽きた。怪獣映画は大好きだったが、中学の時に公開された『メカゴジラの逆襲』を最後にゴジラ映画は途絶えていた。アニメも見ていたが、ガンプラはまだ子供中心のブームが始まった頃で品切れが続いていたから手は出していなかった。音楽が好きでバンドをやっていたけれど、メンバーが抜けて開店休業状態だった。

面白いことがなく、退屈な毎日を過ごしていたところで、ガレージキットに出会ったのだった。

これは革命や！　そう思って心が震えた。

自分の手でプラモデルを作って、自主制作のメーカーになる、というのが凄い。価値観がひっくり返るのだ。

若者は、従来の価値観が壊れて世の中が変わるのが大好きなのである。マルセル・デュシャン以降の現代芸術も好きだった僕には、ガレージキットもまたある種の現代芸術になりうるのではないかと思えたのだ。怪獣というのもポップアートのアイコンめいた部分があって、よいではないか。怪獣のデザインには美しいものがあり、アートの方面から再評価されたりすれば面白いなというようなことは、子どもの頃から考えていたのだ。

というわけで、自分でもガレージキットとやらを作ってみるべえと、近所の文房具店で紙粘土を買ってきて、ウルトラマンのジャミラを作ってみた。しかし、これが全然似ていない。

普通の粘土ではダメらしいと気づいて、画材店へ行ってフォルモという粘土を買ってきた。しかし、泥みたいな感触のフォルモは全然使えず、僕が作ったジャミラは全然ジャミラじゃなかった。バルタン星人のような複雑な怪獣はともかく、シンプルな造形のジャミラなら簡単に作れると思ったのは大間違いだった。

簡単なものならなんとかなると思うあたりが、いかにも凡人である。

後に僕の上役(?)となって僕をこき使うことになる白井武志は、初めての造型がバルタン星人だった。天才は、いきなりバルタン星人に挑むのだ。

残念ながら、僕は天才ではなかった。粘土細工なんて、小学校の時以来まったくやっていないのに、なんで自分にも怪獣が作れると思ったんだろうか。我ながらバカである。

とりあえず、ガレージキットを扱っているというショップに行ってみることにした。

桃谷のゼネプロと門真の海洋堂がこの業界の二大大手なのはすでに判明していたから、近いほうの桃谷から攻めようと、桃谷に近い谷町(たにまち)九丁目に住む友人・森岡とゼネプロに行ってみた。桃谷辺りの商店街は道がややこしいから、土地勘のある奴を誘ったのだ。

プレハブみたいな小ぶりの建物の二階に、ゼネプロはあった。

森岡は『スター・ウォーズ』の人形を買ったが、僕はスペクトラムというアマチュアメーカーのカネゴンを買って帰った。チャチなボール紙の箱に、手書きコピーのラベルが貼ってある。箱を開けると、茶色いプラスティックの塊がゴロゴロと転がっている。これを張り合わせればカネゴンの形になるのはわかったが、凄く素っ気なかった。組立説明書も手書きのコピーだ。しかも、カネゴンの顔にあるトゲトゲは、プラスティックの棒を削って自作するよう書いてある。心が挫けそうになったが、頑張って作ってみた。

この時点で僕がプラモデルを組むのは十年ぶりくらいである。

完成したカネゴンは、物凄くリアルで本物みたいだった。このカネゴンを出したスペクトラムというグループは、何時(いつ)の間にか消えてしまったが、他にもブースカなどをリリースしており、基本的な造形がしっかりしていた。惚れ惚れするようなカネゴンを見つめて、やっぱりガレージキットって凄いわと思った。

こうなったら、もう一つの聖地、海洋堂に行ってみるしかない。今度は大学の女友達を誘って、門真市にある海洋堂に出かけた。だが、女性を連れて行ったのは大失敗だった。この頃の海洋堂は、よほどの怪獣マニアでもない限り、若い女性の行くような場所ではなかったのだ。

なんで女の子を連れて行ったかというと、海洋堂の広告に騙されたからだ。『宇宙船』や模型雑誌に掲載されている海洋堂ホビー館の広告は、なんというか、模型のお店にしては格調が高かった。商品の写真には美術品のような風格があり、館長自らが書いていた文章も重厚なものだった。アニメ風のイラストがちりばめられた広告代理店っぽい匂いのするゼネプロの広告ページとは、かなり違っていたのだ。

広告の内容を信じるなら、海洋堂こそは造形の総本山であり造形作家たちの梁山泊であり聖地であり、なおかつ二階にはギャラリーが設置されているということになる。

僕が女の子を連れて行こうと思ったのも、このギャラリーという言葉に惹かれたからだった。なにしろ、芸術大学に通っていたもので、ギャラリーがあるなら女性を連れて行っても大丈夫だろうと思ったのだ。そこはきっと美術館のような静謐な空間で、磨き上げられたガラスの奥には芸術品のような模型がずらりと並んでいるのだろう……僕は何もわかっていなかった。

初めて海洋堂を訪れる、その前日は胸が興奮してなかなか眠れなかったのをよく覚えている。

その日、京阪門真市駅を降りた僕らは、広告の載っている雑誌を片手に海洋堂を目指して歩いて行った。これがけっこう遠い。広告の地図によると、亜都里絵（あとりえ）を左に曲がる、とか書いてあるのだが、亜都里絵って何よ？

しばらく歩いてみてわかった。亜都里絵は外車専門のカーショップだったのだ。ポルシェとかベンツとか、車に疎い僕でも知っているような派手な外車が、露店状態でずらりと並んでいる。いかにも、関西近郊のヤンキーが好きそうな店舗だ。外車という高額な商品を扱っているのに、なんとなく縁日の露店めいた雰囲気があった。

で、その亜都里絵の角を曲がると……狭い路地だった。

記憶が曖昧なのだが、路地は舗装されていなかったような気がする。もしくは舗装されていたとしても、かなり汚い細道で、奥のほうは砂利道だった。

「ちょっと、まさかこの奥に入るのん？」

後ろにいた女友達が声を荒げた。大阪というのはあまり柄の良くない土地なので、知らない町で狭い路地に入るのは多少の危険を伴うことがある。

僕も、少々面食らっていた。広告の文面から、豪華なギャラリーの設置された近代的なビルを想像していたからである。

もう一度地図を確認したが、間違ってはいない。目指す海洋堂はこの路地の奥にあるはずだ。でも、この奥に近代的なビルがあるとは、到底思えなかった。

「せっかく、ここまで来たんやし……」

僕は、早くも不満そうな顔の女友達を促して路地に入った。

ずんずん歩くと、なにやらケミカルな臭いがしてきた。町工場特有の、健康に良くなさそうな臭いだ。そして路地の奥、どん詰まりの右っかわに、巨大で古びた建物があった。

「これは……」

どう見ても倉庫だった。それも、相当年季が入っているので、かなり汚い。地震でもあったら即座に崩壊しそうだ。

「ちょっと、まさかここ?」

見なくてもわかる。背後にいる女友達が顔をしかめている。

「そんでも、せっかくここまで来たんやし……」

路地を曲がる時と同じセリフを繰り返した。顔を上げると、海洋堂ホビー館という文字が目に入る。残念なことに、この薄汚い倉庫が僕らの目的地だったようだ。

なんてこった、女の子なんか誘うのではなかった——そう思いながらも、引き返すわけにもいかないので、おそるおそる倉庫のドアを開けた。

埃臭い空気、そして言葉では言い表わせないような独特のケミカルな臭いがツンと鼻を突く。どこから見ても倉庫だったが、中に入っても、やっぱり倉庫だった。倉庫の中は広い。凄く広かった。その広さに圧倒された。戦後すぐに建てられたような、古くて巨大な倉庫の壁面に、ずらっと上のほうまでプラモデルの箱が高く積み上げられている。

ここで地震に遭ったら、プラモデルに埋もれて死ぬのか?

入ってすぐ右側には、ミニサイズのスロットカーを走らせるための巨大なサーキットがあった。こんな巨大な模型のサーキット、見たことない。しかし、その立派なサーキットにはうっすらと埃が積もっており、潰れた遊園地のような悲しげな風情を醸し出している。

壁に山高く積み上げられたプラモデルも、最近のものはなく、古い商品ばかりのようだ。もしかして、ここは廃墟か？

埃っぽい空気にのどをやられたのだろう、女友達が咳をした。

僕らの他には客もいない。ここは、やはり、廃墟なのか？　僕は、子供の頃に、潰れたボーリング場に忍び込んだ時のことを思い出していた。

だがしかし、廃墟ではなかった。倉庫の中央にガラスケースを並べたカウンターがあり、その中に人がいた。

「いらっしゃい」

僕らを見て声をかけてくれたその人は、丸かった。体も丸いが、顔も丸い。そして目も丸い。全身が丸いのに、どこか鋭くてキリッとしている。歳は、まあ二十代だろうとしかわからない。僕らを見て、初めての客だと判断したのだろう（その頃の海洋堂に、女連れの客などというのは本当に皆無だったのだ）。その丸い人は、僕らを見ると猛烈な勢いで話しはじめた。

そのとき店頭に立っていたその人――当時の模型メディアでは海洋堂の若旦那と呼ばれ、後にセンムという名称で有名になる海洋堂二代目・宮脇修一が、そのとき何を喋ったのか、まったく覚えていない。とにかく立て板に水としか言いようのないスピードでまくしたてるものだから、僕らはただ、圧倒されていた。今にして思えば、その頃のセンムは、生まれたばかりのガレージキットを世間に認知させようと必死だったのだ。

ひとしきり、センムの猛烈なトークを聞かされた後、僕らは、二階にあるというギャラリーに行った。広く汚い倉庫の奥に階段があり、階段の脇にある通路の奥は、関係者以外立ち入り禁止の空間だった。どうやらその先がガレージキットを量産する工房になっているらしい。中からは、何やら機械の稼働する音と、大勢の人の気配がした。

階段を上がると……海洋堂自慢のギャラリー、のはずだった。ところが、これがショボイ。同じ建物の中だから当たり前の話なのだが、土台が古い倉庫だから、とにかく埃っぽい。並んでいるガラスケースも、美術館にあるような豪華で綺麗な代物ではなかった。ガラスまで埃っぽい。一緒に来た女友達は、この建物に入ってからずっと不機嫌なままで、ろくに口を開かない。

だが、その中に並んでいた模型の数々には目を見開かされた。

雑誌で見た速水氏の１０１匹怪獣が、ずらりと並んでいた。ウルトラマンや、映画に出てきた怪獣を、緻密な手つきで再現してある手作りの模型、それが百も並んでいるのは圧巻だった。

速水という人は、どのような情熱があって、こんな代物を作り上げたのだろう。

百の怪獣を作ってしまった一人の人間の、言葉にならない情熱が伝わってくるような気がして、ちょっとした畏怖の念を感じた。

ギャラリーは、作られたばかりで、まだ整理されていないようだった。１０１匹怪獣以外の展示物は、そんなに充実していなかったのだ。というか、この巨大で埃っぽく薄汚れた倉庫の中に、整備されたギャラリーを設置するという考え自体が無謀なのではないかと思われた。

というのも、一階の店舗部分にもガラスケースはあって、そちらに陳列されている非売品の怪獣たちのほうが見応えのある作品が多かったのだ。

後になって知った事だが、海洋堂館長はギャラリーに自社の作品だけでなく、全国の模型愛好者（モデラー）が作った作品を展示したかったようである。歴史のある帆船模型やミリタリープラモデルはさておき、ガレージキット自体がまだ生まれたばかりのジャンルだ。あの時点で、あの広い空間を、市井（しせい）の模型ファンの作品で埋め尽くそうというのは無謀だったと思う。

だが、無謀なチャレンジこそが海洋堂の最大の武器だった。それを僕は、後になって、イヤというほど思い知らされることになる。

結局その日は、海洋堂が出している『アートプラ』という雑誌を二冊と印刷物をいくつか入手しただけで僕らは海洋堂を後にした。

巨大な倉庫を出た瞬間、ずっと黙っていた女友達が口を開いた。

「あの人、物凄い勢いで喋ってたね」

センムのことだ。彼女の口調には、もう二度と行きたくない、というニュアンスがこめられていて、僕は激しく後悔した。

後悔はしたけれども、あの埃臭くて汚くて、でも作り手の勝手な思いが詰まった模型がずらっと並んでいる空間には魅了されていた。

そして僕は、それから何度もあの巨大で小汚い倉庫に通うことになる。それは、女の子と縁のない人生の始まりでもあった。

家に帰って、買ってきた『アートプラ』を開くと、館長の文章がまた凄い圧力で迫ってくる。彼の言いたいことはただ一つ、模型を芸術の域にまで高めるのだ！　ということだけだった。天性のアジテーターである館長は、読者に対してこう言っていた。とにかく、自分で模型を作れ！　と。

このオッサン、どこか狂ってるな——と思いながら、僕は再びジャミラを作りはじめた。すでに、海洋堂に関わるすべての人間が罹患(りかん)する熱病に、僕の脳は犯されていたのだ。

それから、僕はしょっちゅう門真へ出かけることになった。ほとんどは一人で、たまにバンド仲間で怪獣が好きな男を連れて行った。

常連の一人として顔を覚えられるまでに、そんなに時間はかからなかった。

その頃の海洋堂ホビー館で店番をしていたのは、基本的に三人だけだった。僕より少々年上の、あの丸い男と、その母親らしきオバさん、そして初老の館長だ。丸い男が若旦那と呼ばれていることは雑誌で読んで知っていた。館長の顔も、雑誌に載っていたからわかる。オバさんは若旦那のお母さんだろう。誰が見てもわかる。典型的な家族経営だ。

館長

店舗の奥、二階のギャラリーの真下にあるらしき工房には大勢の若者が働いているようだった。館長の檄文には「海洋堂を模型の梁山泊に！」と謳われていた。だとすれば、工房には梁山泊に集う模型作りの名人・達人みたいな奴ばかりが揃っているんだろうな、と想像していた。時折、店のほうに顔を出す工房のスタッフは、誰もが鋭い目つきで、なんとなく切れ者に見えた。

ホビー館に通うといっても、毎回買い物をしていたわけでもない。ガレージキットは手作りなので、通常のプラモデルよりも高価だ。テーブルに飾るサイズの怪獣キットが数千円から一万円以上する。貧乏な学生が、しょっちゅう買えるものではない。

仕方がないから、僕は海洋堂に行くたびにファンドを買った。ファンドは石の粉から作られている粘土で、細かい造型に向いている。手触りは餅のようで、独特の優しい匂いがする。

僕が初めて作ったジャミラは、近所の文房具店で買った紙粘土で作った（そして失敗した）。けれども、この頃には知識も増えてきたので、先端のモデラーが愛用しているというファンドを使うようになっていた。海洋堂では、このファンドを通常より割安で販売していた。

だから、この時期の僕は、海洋堂ホビー館に行くと、数十分、多い時には一時間以上も館内のキットを眺め、帰りに四百円のファンドを買って帰るのだった。

そうこうしているうちに、店番をしている宮脇家の人々にも顔を覚えられて、世間話なんかもするようになる。

話すことといえば、次はどんなキットが出るんですか？　という質問だったり、相手がセンムだったら、造形のテクニックについて質問したりした。

顔を覚えられて会話がしやすくなるにしたがってだんだんと、見知らぬ人には話せないような事柄も聞かせてもらえるようになる。

その頃、海洋堂で問題になっていたのは「今池ナウシカ」盗作問題だった。

この事件を聞いたときに、僕はガレージキットというメディアがけっこう微妙なポジションにあることを知ったのだった――。

少し時間を戻すと、一九八四年の段階で、メジャーのプラモデルメーカーは誕生したばかりのガレージキットに注目し、手を伸ばしはじめていた。

ガンプラで有名な最大の玩具メーカー、バンダイが、ガレージキットの原型師に商品の原型を作らせるようになったのである。

バンダイが立ち上げたのは、リアルホビーという三〇センチサイズの大型組み立てキットと、The特撮コレクションというガンプラサイズのプラモデルの二大シリーズだった。

リアルホビーのラインナップは、ゴジラにガメラ、ウルトラマンにバルタン星人、大魔神と、特撮では定番のものばかり。なかでも、看板になるゴジラとガメラの原型には、巨大バラゴンとモスゴジで名を上げた神戸のイノウエ工房こと井上雅夫が抜擢された。他のラインナップも、ガレージキット業界でいち早く注目されていた原型師が呼ばれ、メジャーでの造型に挑戦している。

そして、The特撮コレクションの原型は（リアルホビーと違ってこちらは原型師の名前が出ていない）

101匹怪獣で名を挙げた速水の作品がメインで使われた。大メジャーブランドであるバンダイから、ついこの間まで市井のアマチュアでしかなかった原型師の作品が商品として発売される。これは、大きな出来事だった。

アマチュアから、プロへ——音楽で言うと、インディーズのミュージシャンが、メジャーからデビューするような感じだ。

抜擢された原型師のほうは、ちょっとした夢でも見ているかのような気分だったろう。だが、冷静に考えると、これはメジャーによるガレージキットからの搾取でもあったのだ。

ガレージキットメーカーが出している手作りのキットとほぼ同じクオリティの商品をバンダイが発売する。大量生産できるバンダイは、ガレージキットメーカーよりも安く発売できるのだ。もちろん、パッケージも豪華で、値段は安い。当然、ガレージキットは売れなくなるだろう。それでなくても、マイナーなガレージキットは売れて数百個の世界だ。何万も売るバンダイが本腰を出してきたら、踏み潰される前にぺしゃんこになってしまうだろう。

大手ブランドがガレージキットという狭くて小さな世界に手を付けるという事件の裏には、常に、弱者からの搾取という側面があった。植民地問題みたいな話である。

あいにくと、バンダイによる「ガレージキット植民地化計画」は、適当なところで頓挫した。ガレージキットよりは安いといっても、それなりに高額商品になってしまったリアルホビーは採算が取れなかったようで、当初立ち上げたラインナップの途中で中断。バンダイに乞われて井上が作ったメカゴジラや、ウルトラマンの撮影用着ぐるみを作っていた高山良策（たかやまりょうさく）に依頼して原型ができていたレッドキングなどは、商品化されることなく終わった。

そして安価なThe特撮コレクションも、それほどには伸びなかった。原型に速水を呼んだのは良かったが、当時のプラモデルの技術では、ガレージキットの水準で作られた原型を完全に再現するのは不可能だったのである。バルタン星人のようにディテールよりデザインが重要なキャラクターは、それなりのレベルになっていたけれど、ゴジラのような怪獣の荒々しい皮膚や牙、トゲは、プラモデルにすると粗が目立って見えた。実際、商品のクオリティにもかなりのばらつきがあった。特に看板になるはずのゴジラが、一番できが悪かったのは失敗だった。天下のバンダイも、ガレージキットをコントロールできなかったのだ。

この後もバンダイは、井上原型の大型ゴジラやＢＯＭＥが作ったモスラの幼虫をソフトビニールの人形という形でリリースするが、いずれも単発の商品化で、大きな仕掛けは打っていない。

結果的に、この時点でのバンダイの行動は、ガレージキットサイドの知名度を上げるのに貢献した。もしもこの時のバンダイに、ガレージキットレベルの商品を大量生産できるだけの技術があったら、生まれたばかりのガレージキット業界は簡単に消滅していただろう。

バンダイが、速い段階でガレージキットサイドの人間に接触してきたのは、この新しい流れを無視できなかったからだし、ガレージキットサイドの力を認めていたのも事実だろう。

だが、大企業と個人、もしくは個人商店レベルのガレージキットメーカーとの接触には、常に大国と小国の紛争めいたトラブルがつきまとう。この後、何度も大手に煮え湯を飲まされることになる海洋堂は、大手メーカーを大国と認識し、自らをゲリラと認識するようになる。だから、センムこと宮脇修一は、ことあるごとに「ワシらはゲリラやから」と繰り返すのだ。

そして、ガレージキットに目を付けたのはバンダイだけではなかった。

ある日、いつものように海洋堂ホビー館に行くと、店番のおばちゃんが困った顔をしている。他に客がいなかったこともあって、何となく世間話をしていたら、おばちゃんのほうから問題の話をしてくれた。

今池芳章さんが作った『風の谷のナウシカ』のフィギュアが、大手メーカーのツクダから勝手に商品化されてしまったのだと言う。

ディフォルメの半魚人や特撮ものキャラクターで造形を始めた今池氏は、この頃には、アニメフィギュアを専門にするようになっており、なかでも本人の思い入れが強いナウシカに関しては、それこそライフワークと言ってもよいくらいの熱意で取り組んでいた。この頃、海洋堂から発表された『1／4風の谷のナウシカ』は全高四〇センチに達するリアルな大型フィギュアで、この時点での今池さんの集大成とも言えるものだった。

このナウシカは、海洋堂としても正式に版権を取り、大々的に売り出そうとしていた。原型の写真をラベルにした大きな専用の箱を用意していたことからも、海洋堂のやる気がうかがえる。なにしろ、よほど出来に自信のある商品でも、段ボール箱にマジックで「初代ゴジラ」と書いて出荷してしまうのが海洋堂だ。

複製したナウシカの一体が、ツクダに渡り、ツクダはこれを無断でコピーして自社製品として売り出すことになったのである。

今だったら考えられない出来事で、裁判沙汰になるのは間違いない。だが、この時点ではまだツクダサイドは海洋堂のことを素人に毛が生えた程度に思っていたのだろう。

発売されたナウシカは、今池原型そのままではなかった。海洋堂から訴えられた時のことを気にしたのか、多少の手が加えられていたのだ。大量生産できるようディテールを甘くして製造されたツクダのナウシカには、オリジナルの「今池ナウシカ」のような造形物としての迫力はなくなっていた。精緻に彫刻された「今池ナウシカ」と違って、のっぺりとした、いかにも人形然としたナウシカの顔は、ガレージキットで目の肥えたマニアには残念な出来だった。ツクダのナウシカはそれなりに売れたはずなのに、最初に発売されたきり、一度も再販されていない。

ツクダは「ジャンボフィギュアシリーズ」と銘打って、ナウシカの広告を模型誌に掲載した。つまりこの時期、まったく同じサイズで、ほぼ同じ造形のナウシカが同時に売りに出されたのだ。そして言うまでもなく、ツクダのほうが安い。

裁判にすれば良かったのではないかと思う。だが、法知識のある人材がいなかったこともあって、この件は海洋堂と今池の泣き寝入りに終わった。ただ、海洋堂一門、特に宮脇親子や今池の大手ブランドに対する怒りと敵愾心は、否応なしに燃え上がっていた。

僕が海洋堂ホビー館に足しげく通っていたのは、この手の業界裏話が聞けるから、という面もあったかもしれない。

そして、ナウシカ盗作騒動が収まらぬまま、海洋堂に新たな魔の手が襲いかかろうとしていた。原型師引き抜き事件である。

この頃の海洋堂が一番に推していた原型師、それが原詠人だ。

『宇宙船』にバラゴンやゴロザウルスの造形を投稿し、マニアの間で評判になっていた原さんが海洋堂に初めて来たのは、速水さんの101匹怪獣以降で、そんなに古株ではない。

生まれ故郷の岐阜から初めて海洋堂を訪れたとき、原さんはいきなり「なんだ、ここは！」と大声を上げ、少々のことでは驚かない海洋堂の人間を驚かせたという。豪放磊落というかどこか吹っ飛んだような人柄で、面白いエピソードがある人だ。

とあるガレージキットメーカーの店舗を訪れたときも、その場にいた初対面の原型師に対して「君の作ったバラゴンは違う！　バラゴンていうのはな！」と、いきなり店の床に四つん這いになってバラゴンの真似をやりはじめたのだという。バラゴンが登場する『フランケンシュタイン対地底怪獣バラゴン』は東宝特撮映画のなかでも屈指の傑作で好きな人は多いけれど、模型屋の床でバラゴンに変身した人は他にいないだろう。この原さんにしろ、イノウエ工房の井上雅夫氏にしろ、初期の怪獣原型師には常識の通用しない豪快な人物が多かった。

先にも書いたように、原さんの造形は艶かしさのある生物感が特徴で、今にも動き出しそうな迫力に満ちていた。海洋堂のメンバーも彼の実力を認めており、飛び入りで参加して、いきなり主力打者になったような感すらあった。

原さんのリアルホビーサイズのキンゴジが完成したときに、ギャラリーでお披露目があった。先に、東宝が八四年の新作『ゴジラ』着ぐるみのモデルにしたと言われる傑作、初代ゴジラを発表していた原さんの新作がいち早く見られると聞いて、僕も飛んで行った。

ギャラリーのテーブルに置かれた新作キンゴジを前に、ご機嫌な様子の館長がいた。そろそろ顔を覚えられていた僕を見ると、館長は「どや！」とキンゴジを指差した。

体をくねらせて、独特のポーズをつけたキンゴジは、映画の中のキンゴジとは一味もふた味も違っていた。正直言って、撮影に使われた着ぐるみそのものには余り似ていない。むしろ、映画の中のキンゴジを超える、リアリティーを求めて造形されたような迫力があった。

この頃、海洋堂が主張していたのは、映画の着ぐるみをそのまま縮小したようなモデルではダメだ！　ということだった。単に映画のゴジラに似せただけでは、オリジナルの模倣に終わってしまう。オリジナルのレプリカでは芸術にならんのや！　オリジナルを超えたものを作ってこそアートプラなのや！　というようなことをずっと吠えていた館長にとって、独特のアレンジを加えた原造形は、自分の理想の一つが具現化したような思いがあったようだ。

あの日の、キンゴジを眺める館長の眼差しが今でも忘れられない。そして、僕自身も原さんの造形物に魅了されていた。これを芸術として、世界に持って行けないものかと思った。

原さん自身もその場にいたが、パンチパーマの気さくなお兄さんだった。思えば、この時代の原型師には気さくな人が多かった。みんな単なる模型マニアで、まさか自分の作る模型が芸術だなんて考えはないままに手を動かしていた人たちだったので、単純に自作の模型を人に褒められて嬉しかったのだと思う。なにしろ、興奮すると店先でバラゴンに変身してしまうくらい、怪獣が好きなお兄さんなのだ。

それで、その原さんにいったい何が起きたのか？

いつものように出かけて行くと、その日も、店番はおばちゃんだった。

僕が店内をウロウロしていると、おばちゃんがポツリとつぶやいたのだ。

「ほんまにもう、原さんも、あんなことせんかったら良かったのに」

何やら、原さんにトラブルがあった様子だ。

「なんか、あったんですか、原さん？」

もうすっかり馴染みの顔になっていたので、おばちゃんに聞いてみた。思うに、おばちゃんはおばちゃんで、誰かに聞いてほしかったんではないか。おばちゃんという生き物は、井戸端会議が好きですからね。

おばちゃんから聞かされた話は、驚くべきものだった。海洋堂の看板原型師である原さんが、ボークスというガレージキットメーカーの引き抜きにあったのだという。

引き抜きが判明した時点で海洋堂から説得を受けた原さんは、ボークスには入らず、海洋堂に戻る気になっていたが、原さんが作ったアンギラスの原型はボークス社に渡っており、海洋堂としてもボークスから販売されるのを止める手だてはないということだった。

ボークスについて少し説明をする。この会社は京都を拠点としてチェーン展開する模型店で、海洋堂より一足遅れてガレージキットに参入しようとしているところだった。僕もボークスの店舗には行ったことがある。ごく普通の町の模型店で、常連客が自作の完成品を飾ったりしていた。もちろん、ガレージキットの原型を作れる常連がいるわけではない。海洋堂が異常だったのだ。ガレージキットがこれから商売になると踏んだボークスは、すでに名のある原型師に声をかけた。イノウエ工房の井上雅夫である。工房を名乗ってはいるが、井上氏は実質フリーなので問題ない。この時、ボークスはある意味、バンダイと同じことをやろうとしたわけだ。

噂では三〇〇万円と言われる契約金が動いて、ボークスは、井上の作品を大々的に売り出す。題材は、井上が得意とするキンゴジ（『キングコング対ゴジラ』に登場するバージョンのゴジラ）、モスゴジ（同じく『モスラ対ゴジラ』バージョンのゴジラ）といった、王道のラインナップだ。三〇センチサイズの普及版と六〇センチサイズの超大型（六〇センチのキンゴジは六万円以上した！）の二種類――計四体のゴジラを皮切りに、『地球破壊指令ゴジラ対ガイガン』のガイガンが発売され、引き続いて『空の大怪獣ラドン』の発売が告知されていた。

だが、何があったのか詳しいことはわからないが、ボークスと井上のプロジェクトは企画の半ばで頓挫する。この井上という人は、一か所に落ち着くことのできない人で、この後も、さまざまなメーカーと契約しては、いくつかの忘れがたい作品を作り、その度に途中で仕事を放り出してプロジェクトを中断させてしまう。雑誌などで告知されたものの、結局は発売されなかった商品も数多くある。

ボークスから発売されていた井上作品は基本的に、井上自らがシリコン型を作り、自宅で量産していた。一説によると、鷹揚な性格の井上はボークスとの契約があるにもかかわらず、個人的な知り合いには平気で商品を配布していたという。それが事実だとしたら、ボークスから見れば、契約違反になる。

真実はわからないが、とにかくボークスが大々的に売り出そうとしていた井上のシリーズは、数作が発売されたのみで中断した。

予告されていたラドンは、ボークス初の専属原型師、圓句昭浩(えんくあきひろ)が造形し、予告からは遅れたが発売された。

圓句の造形デビュー作は、ボークスの会員のみに少数販売された『スター・ウォーズ　ジェダイの復讐』に登場する怪物、ランカーモンスターだった。会員制での販売というあたり、先にゼネプロと海洋堂がやっていたことを踏襲している。

あくまでも身内向けキットだったランカーモンスターを出した後、圓句は、ラドン誕生という、ラドンが卵から孵(かえ)る瞬間を造形したキットを発表している。本来なら井上原型で発売される予定だった親ラドンと対になる予定で作られていたようで、そのまま井上が抜けた穴を埋めることとなった。彼はボークスで育った最初の原型師だ。初期のラドンは、正直言って今ひとつの出来だったが、その後、飛躍的に造形力を伸ばし、原型師としての地位を固めた。

海洋堂に追いつけ追い越せでガレージキットに乗り出し、自前の原型師も育てつつあったボークスだが、看板の井上と決別したことで新たな看板原型師を求めていたようだ。そこで、海洋堂で売り出し中の原詠人に白羽の矢を立てたというわけだ。

ガレージキットメーカーとして先行する海洋堂への、明らかな挑戦状である。

この時、原さんは主力原型師の一人ではあるけれど、原型一体ずつの契約だったので、海洋堂専属というわけではなかったから、ボークスを訴えるわけにもいかない。

結局、原アンギラスはボークスから発売された。

だから、この時期のボークスのガレージキットラインナップはちょっと妙なことになっている。立て続けに発表された井上作品は数作で終わり、原アンギラスが一体だけ発売されて、それ以降はボークス育ちの圓句作品が続く。変な流れだと思ったユーザーもけっこういたようだが、その真相はこんなところだ。

その後、ボークスは圓句を筆頭に造形村を結成、怪獣ガレージキットを大量にリリースして、再び海洋堂に挑戦する。造形村という名称からして、海洋堂を意識しているのは明らかだった。

この時期、あわよくば第二の海洋堂にとガレージキットに手を出した模型店は多かったが、本気で海洋堂を倒す気でいたのはボークスだけだったろう。

実は、海洋堂とボークスは宮脇館長が帆船模型でならしていた頃に少しばかり関わりがあったのである。どうやらその時代に仕事の上でもめたことがあったらしい。いわば、長年の仇敵というわけだ。

この事件をきっかけに、原さんは海洋堂の社員となり、専属で何体もの怪獣や恐竜を連続して作ってゆく。

僕はというと、やっとの思いで作り上げた自作のジャミラを、海洋堂に持ち込んだりしていた。二階のギャラリーに飾られることになったジャミラだが、その頃は兄チャンと呼ばれていたセンムに言わせると、「デッサンがイマイチやね」ということだった。やはり、天才白井武志のように、持ち込みいきなりで原型師デビューというのは難しいようだった。僕はまた、ファンドを買い、今度こそ兄ちゃんや海洋堂に認められる作品を作る気でいた。

4
ホーリーネーム

いつものようにファンドを買いに行った僕がおばちゃんと世間話に講じていたら、どこかから帰ってきた館長が、僕を見つけるなり大声でこう言った。

「お、ヒサトモドキ、来とるな！」

他に客はいなかったから（この頃の海洋堂は平日の昼間に来る客はそんなにいなかったのだ）館長が言うヒサトモドキというのは、僕のことらしい。きょとんとしている僕に、館長は言った。

「お前、ヒサトに似てるてウチで評判なっとるぞ」

まだ、わけがわからないでいる僕に、おばちゃんが補足してくれた。

宮脇家の親戚でヒサトという人がいる。兄ちゃんの従兄弟にあたる、そのヒサトさんと僕の顔が似ているらしい。

それで、宮脇家の家族たちは僕のことをヒサトモドキと呼ぶようになったのだという。この瞬間から、海洋堂での僕の通り名はヒサトモドキになった。長いから略してモドキ。おかげで、二〇年以上たった今も、モドキと呼ばれている。ちなみに、モドキというあだ名の由来を知っているのは、宮脇家の家族だけだ。他のスタッフは「オリジナルのヒサトさん」にも会ったことがないので、僕が何モドキなのか知らないままだ。

創生期の海洋堂は、常連にあだ名を付けて呼んでいた。オウムで言うところのホーリーネームみたいなもんである。後にアーティストとして世界に名を売るBOMEは帽子に眼鏡がトレードマークだったから略してボーメ、銀のヘルメットをかぶっているから銀ヘル……といった感じで、あんまり考えないでつけられたあだ名だが、一度あだ名がついたらずっとその名前で呼ばれる。だから、ホーリーネームがついた人間は誰にも本名を覚えてもらえないという運命が待っているのだ。

誰のエピソードだったか覚えていないが、昔、作業中にホーリーネームのあるスタッフの家族が海洋堂に電話をかけてきた。

「〇〇の家族ですが、ウチの×夫いますか?」

ところが電話を受けた海洋堂のおばちゃんも館長も、その〇〇氏の本名を知らない(というか覚えてない)。人をあだ名でしか認識していないので、「おい、〇〇って誰や? 誰のことや?」と工房の中を聞いてまわるはめになったという。

こんなこともあった。僕がスタッフの一員として働いていたとき、バイクで交通事故に遭った銀ヘルが入院したので、皆で見舞いに行くことになった。センムの車で病院に向かった僕らは、受付にゾロゾロ歩いて行った。すると、先頭をスタスタと歩いていた荒木さんが、いきなり立ち止まるとクルッと振り返り、戻ってきたのだ。

「すまん、銀ヘルの本名、知らんかったわ」

幸い銀ヘルの本名を覚えている人間がいたのでなんとか面会できたが、誰も覚えてなかったらどうなっていたんだろうと思う。

無事、病室に乱入した我々は、ギプスで固められた銀ヘルの片足に落書きし、さんざん騒いで帰ってきた。

こんな調子だったから、二〇年以上たった今でも、海洋堂に電話するときは、モドキと名乗らないとなかなか取り次いでもらえない。本名の樫原を名乗っても、「どこのカシハラやねん！そんな奴は知らん、お前はモドキじゃ！」とセンムに怒鳴られるのだ。

今はちゃんとした会社になった海洋堂に「モドキと申します」と電話をかけるのは、けっこう勇気がいるのである。

ともあれ、あだ名というかコードネームをいただいた段階で、僕がいずれ海洋堂クルーの一員になることは、宮脇家の人々のあいだではほぼ決定していたらしい。

そして実際に、僕は海洋堂の中に引きずり込まれることになる。

その頃の僕は、海洋堂を訪れるたびに買ったファンドで、ドドンゴという怪獣を作っていた。ドドンゴは麒麟をモデルにした怪獣で、『ウルトラマン』の第一二話「ミイラの叫び」に登場する。これを、リアルホビーサイズで作った。二か月くらいはかかったと思う。ジャミラの頃よりは、多少スペックもあがっており、堂々の自信作だった。

これを、海洋堂がしょっちゅうやっていた造形コンテストにエントリーしてみた。まだ、己の才能をわかっていなかった。何か賞の一つくらいはもらえるだろうと思っていたのだが、生憎と何の賞ももらえなかった。

僕はその頃、本当にガレージキットの原型師になりたいと思っていた。それくらい、ガレージキットに取り憑かれていた。そして、あの海洋堂という模型の梁山泊の、店舗よりも奥にある怪しい空間の一員になりたいと思っていたのだ。

我ながら狂っていたと思うけれど、それくらい当時の海洋堂は独特の瘴気を発していた。未来ある若者の人生を狂わせるくらい魅力的な魔窟だったのだ。

その日も僕は、ホビー館でブラブラしていた。

ガラスケースの中の、原さんが作ったレッドキングを見つめては、ため息をついていたように思う。この時点では、このレッドキングは商品化されておらず、僕は海洋堂に行くとまず、このレッドキングを見るのだった。

いつか、オレにもこんなに迫力のある造形物が作れるんだろうか?

それが無理なのはわかっていた。どうあがいても原さんのような才能はない。あったら今頃は、工房の中にいて粘土をこねているはずだ。

その時、兄ちゃんの声が聞こえた。

「モドキ君、ちょっとおいで」

顔を上げると、兄ちゃんが僕に向かって手招きしていた。

「は？」

「ええから、こっちおいで」

それだけ言うと、笑顔の兄ちゃんは、カウンターから出て奥へと歩き出した。どうやら僕に、ついて来いと言っているらしい。グズグズしていると、振り返った兄ちゃんがもう一度手招きした。

「早よ、おいで！」

彼が手招きした、その先は工房だ。言うまでもなく関係者以外お断りの、禁断の空間である。入っていいのか、その奥に？

ドクン！　と心臓が高鳴った。

オイデオイデという手つきで僕を呼ぶ兄ちゃん——後のセンムに招かれて、僕は海洋堂ホビー館の奥へと入っていった。

積み上げられた古プラモの壁の裏に、細長くて、ゴテゴテした部屋があった。壁に面して作りつけの机があり、椅子が並んでいる。そこに何人かの若者が並んで座り、大きなプラスティックの塊を抱え込んで紙ヤスリを使っていた。その端っこに座らされ、同じようにプラスティックの塊と紙ヤスリを渡された。

その時、部屋の中に誰がいたのか、実はよく覚えていない。

最盛期は十数人が作業をしていたから、それなりに広かったはずだが、模型の素材やらパーツやら工具類、純粋なゴミやらが散らばっていたので、お世辞にも広いとは言えない空間だった。

「はい、これ」と渡されたのは、ひと抱えもあるクマのフィギュアで、シリコン型から抜いただけの未塗装状態。バリや気泡も沢山ある。これにポリパテを盛りつけて、サンドペーパーで整形しろということらしい。

造形室に僕を誘導すると、兄ちゃんはまたすぐに店舗へ戻った。

ドキドキしながらも空いていた椅子に座らされて、しこしことペーパーがけを始めた。

お揃いの海洋堂トレーナーを着た周囲の男たちは、僕のことなんか無視である。怖かったが、まあ、ペーパーがけ自体はそんなに技術のいる作業ではないので、僕はクマのフィギュアを抱え、はみ出したパテをザリザリと削っていた。

アニメっぽくカリカチュアされたクマは、何かのキャラクターのようだったが、見覚えはない。

そのうちに、同じ作業をしていた連中の会話が耳に入って、今僕らが手を入れているのはどこかのイベント用に発注されたフィギュアだとわかった。だから、見覚えのないキャラクターだったのか。海洋堂はそういった下請け仕事もしていたのだ。

顔見知りのいない状態で、僕は、黙々とクマさんをペーパーで磨いた。まだ、緊張している。この頃の海洋堂のスタッフは、部外者に対しては無愛想なのが多かったのだ。横で同じ作業をしていた男たちが言葉を交わしている。

「仕上げは、中の上くらいで」

「ああ、中くらいね」

何か、わかったようなわからんような会話だったので、不安で胸がいっぱいだった僕は思わず質問した。

「あのぅ、中くらいの上て、どういう意味ですか?」

「めちゃくちゃ丁寧にはやらんでええから、そこそこキレイに、ていう感じで」

仲間からシマダちんと呼ばれていた、僕と同世代と思われる若者は、気さくな口調で応えてくれた。要するに、クマさんをどの程度キレイに磨き上げるかという程度の問題らしい。

そこそこキレイに——という基準が、わからない。世間一般のそこそこキレイと海洋堂のそこそこキレイでは、水準がぜんぜん違うのではないか?

ポリパテは凹んだ車の外装にも使われる安価なパテで使い勝手は良いのだが、サンドペーパーをすぐに目詰まりさせる。

与えられたペーパーもすぐに目詰まりして削れなくなったが、けれども僕は、クマさんを磨きつづけた。

パテやサンドペーパーを大量に消費する海洋堂造形室では、消耗品はすぐになくなる。だから、慣れている人間は自分が使う分を前もって確保しておくのだが、この時の僕にそんなこと、わかるわけがない。

だがしかし、シマダちんと喋ったことで少しだけ気分が楽になっていた。その後も、二言三言会話をしたが、まあ、普通に話ができる。知らぬ顔だからといって無視されたりはしなかったし、「お前のペーパーがけは、なっとらん!」と怒鳴られることもなかった。どんだけ怯えていたんだよ、僕は。

思ったほど、恐ろしい場所ではないのかもしれないな。そう思った僕は、もちろん甘かった。本当に恐ろしい奴は、後から登場する。

使えなくなったペーパーと悪戦苦闘していると、七時のチャイムが鳴って、奥のほうが騒がしくなった。キットを量産する工房が奥にあるのは知っていた。僕がペーパーがけしている間も、ずっと、奥からは機械の動く音と大勢の人間が立ち働く声が聞こえていた。その音を聞きながら、ああ、今も、この奥で海洋堂のガレージキットが製造されているんだなぁ、と思っていたのだ。

原型室のドアが開いて、二人の男が入ってきた。

「誰や、こいつ!」

片方の男が、僕を見つけるなりドスのきいた声をあげる。

恐怖を感じた。なにしろ、口調が明らかに郊外のヤンキーである。運動神経の悪いデブとして育った僕にとって、ヤンキーは無条件に怖い存在だ。

そして、その男は実際にヤンキーだった。クリクリの天然パーマだったのでリーゼントにはしていなかったけど、暴走族出身だとは後で知った真実だ。ヤンキーは、僕の顔を上から覗き込むようにして言葉を続けた。

「お前！　1号ライダー対コブラ男のセット売りつけたろか」――押し売りかよ。

それだけ言うと、そいつは机に座り、置いてあった工具を持って作業を始めた。

ちなみに彼が言ったライダー対コブラ男のセットというのは、この時期の新製品で、速水さんの原型。仮面ライダーとコブラ男のキックが空中で交差している見事なものだった。

見るからに柄が悪そうなヤンキーが、通称セリカ。バリバリの暴走族で、海洋堂量産スタッフの暴れん坊。本名は覚えていない。初めて海洋堂に来たとき、セリカに乗っていたからセリカ。柄は悪いが人は良く、年下にはアニキ肌で接するので、後には可愛がってもらったが、根がヤンキーなので、初対面の輩にはとりあえず凄んでみるのである。野良犬みたいなもんだ。

セリカさんと一緒に現われた、少し歳上で目つきの鋭い痩身の男が、工房でシリコン型にレジンを流し込む係のNさんだった（Nさんの名前は伏せておこう。その理由はもう少し後で説明する）。

しばらくして、工房の他の面々も造形室に入ってきた。

それぞれに決まった場所があるようで、自分の席につくと、彼らは作りかけの模型をナイフで削ったり、粘土を盛りつけたりしはじめた。

スタッフになってから詳細を知り、驚いたのだが、海洋堂の量産スタッフは、朝十時から昼休みを挟んで七時まで働き、作業が終わるとおもむろに模型を作りはじめるのだ。

個人製作の模型は基本的に仕事ではないので、用事のある者は早目に切り上げて帰るけれど、大半のスタッフは夜遅くまで模型を組み立てていた。朝から晩まで、模型浸りだ。

ずっと後になってバイトで入った村上甲子夫は、「この人たち、頭がおかしいんではないか」と思ったという。その村上もまた、内心でおかしいと思いながらも言い出せなくて、バイト時代はずっと、作業が終わると模型作りという生活に染まっていたという。

皆は各々の模型に没頭し、僕はクマさんのペーパーがけを続けた。店先にいた兄ちゃんも戻ってきて、自分の机で完成品に色など塗っている。皆は適当に冗談など言い合いながらも、決して手は止めようとしない。

全員が模型に集中しているのだ。恐るべき模型空間。

これが海洋堂か！

そのうち夜になって腹が減ってくると、また不安になってきた。いつになったら帰れるのか、見当がつかなかったのだ。そもそも、自分はここから帰してもらえるのだろうか？　皆、自分の作業に没頭しているから、誰も僕に声をかけない。たまに話しかけてくるのは、柄の悪いセリカだけ。

「おう、お前、何やってんねん学生やろ」

「そうですけど」

今にして思えば、セリカさんは彼なりに僕を気にかけてくれたのだ。今はそれがわかるけれど、こちらはカチンコチンに緊張していたし、ヤンキーだから何を喋っても怖い。

そのうち、兄ちゃんが立ち上がった。

「メシ行くぞ」

その声で他の面々も立ち上がる。

「オラ、お前も行くぞ！」

僕もセリカさんに促されて立ち上がった。倉庫の前に停めてあるオンボロのバンの運転席に兄ちゃんが座り、皆で乗り込んだ。どこか別の場所にいたらしい白井さんも姿を現わして、助手席に座る。スタッフにはバイクで来ている者も多く、彼らは各々のバイクにまたがった。すっかり外は暗くなっており、動き出した車は、大勢の若者を乗せてガタガタと夜の道を走る。

たどり着いたのは、かまど家という食堂というかうどん屋で、そこで飯を食うのだった。いちおう、好きなものを注文してよいらしいので、新顔としては控え目に安い物を食べた。

夕食が済むと、また造形室に戻って模型作業の続きだ。夜も更けてくると、ひとり、またひとり、ほな、オレはこのへんで、と言って帰っていく。いつしか、造形室に残っているのはほんの数人になっていた。

「モドキ、もうええで」

兄ちゃんが僕に言う。どうやら帰ってもよいらしい。

ほれ、と何かを渡された。袋詰めされていないガレージキットだった。何をもらったかは覚えていない。それが、その日、クマさんにペーパーがけをした賃金だったのである。

終電が気になったので、皆に挨拶して海洋堂を出た。僕が頭を下げても、無視する人もいた。さっき一緒に御飯を食べたのに。やっぱり、ちょっと怖い空間だと思った。

駅へ向かう途中、人気のない夜道を歩きながら、胸がドキドキするのを感じていた。僕は、海洋堂の工房の中に入ったのだ。模型の梁山泊と言われる場所で、たかだかペーパーがけだけとはいえ、作業をしたのだ。

これから先は、どうなるんだろう?

結論から言うと、その日を境に、僕は海洋堂スタッフの一員となった。

それから数日後、また海洋堂を訪ねると、兄ちゃんは僕を待っていたとでもいうように、造形室へと手招きしたのだ。

その日は、恐竜のキットを手渡された。

「はい、お前はこれ組んで」

荒木さんが原型製作したミニサイズの恐竜だった。まだ正式には発売されていないその商品の完成品見本を作るので、組み立てろというわけだ。フィニッシュの塗装は兄ちゃんがやるものの、完成品は写真を撮って模型雑誌の紙面を飾る。責任は重大だ。

とはいえ、ヘタクソなりにフルスクラッチで怪獣を作る程度の技術はあったので、しこしこと組み立てた。

この頃、海洋堂は毎週のように新製品を発売していたから、量産工房のスタッフ以外にも、こういう作業を行なうスタッフが必要だったのだ。

それから、しばらくの間は、毎週日曜日に海洋堂に行き、完成品を組み立てるのがスタッフとしての僕の仕事になった。カッターなどの工具も、自前の物を持って行くようになった。

給料はなく、マシボツと言われる、量産の段階でできる不良品のキットが、賃金の代償として渡された。

手作りのガレージキットは、レジンの流し込みが悪かったりして微妙な成形不良品が沢山出る、歩留まりの悪い仕事だった。こういうマシボツは、馴染みのお客へのサービスとして、兄ちゃんが店頭で配ったりしていた。不良品とはいえ、そこそこの技術があれば組み立てられる。高価なガレージキットを無料で手に入れられるから、こちらとしてもありがたかった。

その頃、僕以外にも、土日だけ顔を出す、組み立てのスタッフが二人いた。

ひとりは金谷さん。ゴジラ好きがこうじて、スポンジや発泡スチロールで一メートルサイズのゴジラを作り、海洋堂が発行する雑誌『アートプラ』にも取り上げられた人だ。この頃、すでに三十代に突入しており、他のスタッフよりも歳上だった金谷さんは、兵庫の実家から毎週土曜日に車で大阪まで来て、泊まり込みで完成品を組み立てていた。

もう一人の完成品スタッフは、ゼンちゃん。僕よりも歳下で、子供の頃からずっと特撮が好きだった青年だ。その頃人気絶頂だった、おニャン子クラブの河合その子の大ファンだった。具体的に言うと、何時間も一緒にいながら、彼の口からは模型と怪獣とおニャン子クラブの話しか出てこないのだ。

毎週通っているうちに、顔とあだ名を覚えられ、それなりにスタッフの中に溶け込むことはできた。しかし、人見知りが激しい人も多く、最初のうちは口すらきいてくれない人もいた。後に村上隆(むらかみたかし)氏のプロデュースで、アーティストとして世界に名を馳せるボーメさんも、その一人だった。ボーメさんとは、僕がもう少し海洋堂に馴染んだ頃に親しく会話を交わすようになる。

バイトというよりは半ボランティアとでも言うべき妙な形だけれど、ともかく海洋堂スタッフの一員となったわけだ。だが、海洋堂に出入りする人は多くて、とても全員の顔と名前を覚えることはできなかった。量産工房のバイトや原型師のほか、昔からの常連客で、別に仕事はしないけれど堂々と原型室に入ってきて長々と世間話をしていく人とか……誰もいちいち説明してくれないので、知らない人がいても、その人がどういうポジションなのかよくわからない。最初のうちは、原型室の中に入るたびにオッカナビックリで、右往左往していたような気がする。

そのうち大学は夏休みに入り、兄ちゃんに半ば命令されるような形で、僕は量産工房でバイトすることになった。

恐竜の尻尾を削っている最中だったと思うが、フィギュアの目玉を塗装していた兄ちゃんが、僕のほうを向いて言った。

「モドキ、お前、夏休みやろ、明日から量産な」と、いきなり言われたわけだ。「いちおう金はやるから、安心せぇや」

翌日は、朝から量産工房で働くことになった。ついに、本丸突入だ。

いよいよ海洋堂の心臓部で、シリコン型をゴムのバンドで縛っては、レジンを流し込む機械の横に置き、そこに流し込まれたレジンが固まったらゴムのバンドを外し、シリコン型を開けて、硬化した中の部品を取り出す。それを一日中延々と繰り返す作業が待っていた。横目で見ていたから、ある程度はわかっていたことではあるけれけど、実際にやってみると結構な重労働だ。

量産工房の皆は、僕のことをなんとなく顔は知っている——という程度の認識で、知らない顔ではないから、逆に、詳しい説明をしてくれる人などはおらず、いきなりの実践をやらされた感じだ。

覚えるのが難しい作業ではなかったけれど、バイトというのは慣れるまでが大変だ。しかも、初日の朝、量産工房に立った僕は、いきなり頭を後ろから小突かれた。

「こら、昨日の恐竜組んだの、お前やろ！　あれ、修正するの大変やったぞ」

その前日、僕は兄ちゃんに言われて、荒木一成さん原型の恐竜を一度に五体組み立てていた。

小さいとはいえ、ガレージキットを同時並行で五つというのは無茶な話で、組み立てながら、自分でも仕上げが荒いとは思っていたのだ。終電ギリギリまで作業して、とにかく五頭の恐竜を形にするだけで精一杯で海洋堂を後にしたのだが、はたから見たら、単なるヘタクソな工作にしか見えなかったようだ。

僕の頭を小突いたのは岸本さん。通称キッさんだった。昼休みに話を聞いたら、前日に僕が放置した恐竜を手直ししてくれたらしい。バイク通勤のキッさんは、終電関係なしに、夜なべで造形に打ち込んでいた。

後でわかったが、キッさんは僕の大学の先輩にあたり、海洋堂にいるあいだ、僕にはずっと親切にしてくれた。単位を落としまくりで、ロクに学校に行ってなかった僕に、「おめぇ、卒業だけはしておけよ」と口を酸っぱくして言ってくれたのがキッさんだった（にもかかわらず、僕は中退してしまったのだけれど……）。

はじめに小突かれたのは通過儀礼のようなものだ。他の連中も皆、基本的には口が悪く、愛想が悪い。当時の海洋堂に出入りしていたのは、こと模型に関しては筋金入りのエリートばかりで、僕のようなヘタクソが末席にいたのは、ある種の僥倖（ぎょうこう）だった。

キッさんだって模型の腕は確かなもので、量産工房でシリコン型を作りながら、原型師としても作品を出していた。他所（よそ）のマイナーなガレージキットメーカーに行けば、それなりに名の売れた原型師になれたかもしれないのだ。

粘土をこねて一から造形し、それなりの作品を作るのは恐ろしく面倒くさい作業で、とにかく完成させるだけでも大変な労力を要する。その上で、人様に買ってもらえるだけの商品を仕上げ、なおかつその分野で広く認知されるのは、人より抜きん出た奴でないと無理だ。要するに、才能というやつだ。

量産のバイトはキツかった。シリコン型を縛るゴムを外してはまた締めるという繰り返しで、指が痛くなったのを覚えている。とはいえ同世代の人間ばかりで、皆、軽口を叩きながらの作業だから楽しくはあった。

学生のバイトには人間関係でさまざまないざこざがつきまとうが、海洋堂には、比較的それが少なかった。模型とかアニメとか怪獣が好きな奴ばかりが集まっているので、常に共通の話題があるからだ。

それに、女っ気がないから、異性をめぐってのトラブルも皆無だ。こればっかりは悲しかったけど、本当に女っ気はなかった。

一番閉口したのは、実は、作業中のＢＧＭだった。

作業場には一台のラジカセがあって、仕事中、鳴りっぱなしになっている。だが、この時いたバイトの一人が、当時売り出し中だった斉藤由貴（さいとうゆき）の大ファンで、繰り返し繰り返し、斉藤由貴のデビュー・アルバムをかけつづけたのだ。

斉藤由貴は初代『スケバン刑事』ということもあって、我々の世代からは絶大な支持を受けていたし、僕だって可愛いとは思ったが、なにせアイドルのデビュー・アルバムなので歌唱力は微妙だし、シングルカットされた曲以外はまあそんなによくできているとも思えない。

しかし、単調な仕事をしている最中、ずっとその斉藤由貴の歌声を聞かされるのだ。しかも、その斉藤由貴ファンの男は、手を動かしながらも延々と、斉藤由貴の話をしているのだ。僕も、脳内が斉藤由貴でいっぱいになり、気が狂うかと思った。

今でも時折、めちゃくちゃ疲れた時などに斉藤由貴の歌声が脳裏に響くようになってしまったのは、この夏の経験のせいだ。

僕が量産工房に入った夏は一九八五年、斉藤由貴歌手デビューの年であると同時に、あの有名な日航機墜落事故があった夏でもある。

日航機が墜落した翌日、バイトに行くと、ボーメさんが朝食のミルクとトーストを食べていた。希望者には、オバちゃんがトーストを焼いてくれるのだ。入ってきた僕の顔を見るなり、ボーメさんは言った。

「もう、怖ぁて、飛行機乗られへんな」

飛行機事故から、乗るのが怖いという発想に飛ぶところがこの人らしいと思った。最初のうちはロクに口を利いてくれなかったボーメさんも、量産で一緒に働き出した頃には、何でも喋ってくれるようになっていた。

量産に入って一番楽しかったのは晩飯だ。

海洋堂の晩飯は皆で食べるのが基本なので、量産でバイトをして会話をする相手が増えると、晩飯まで楽しくなった。

一日の作業が終わると、用事がある者以外はそのまま、原型室で模型を作る。夕飯時になると、二階へ上がり、ギャラリーにずらっと並んで座り、アニメや特撮のビデオを鑑賞しながら、ほかほか弁当を食べるのだ。

皆、オタクだけれど、口の悪い奴ばかりなのでビデオを観ながら勝手なことばかり言う。その時間が楽しかった。

ちょうど、『機動戦士Zガンダム』がオンエアされていた時期だった。五年ぶりに作られた、あの『機動戦士ガンダム』の続編である。これも晩飯を食べながら皆で観ていた。特に忘れられないのは最終回だ。主人公カミーユ・ビダンが敵シロッコの最後の攻撃で精神が崩壊して終わるという衝撃的なラストだったが、これを観たときの我々の反応がまた、おかしかった。

宇宙空間で無邪気に笑う主人公を見て、僕は横にいたハッさんに話しかけた。

「これって、いったい何が起きたん?」

「……アホになったんやろ」

「アホに⁉」

「カミーユ、アホになったんや！」と誰かが笑いだして、そのままカミーユがアホになった説は海洋堂のごく一部で定着した。物凄くシリアスなラストシーンなのだが、我々は根が関西人なのでどうしても茶化してしまうのである。

僕らは、自分らが愛しているアニメや特撮にツッコミを入れまくり、さんざん茶化しながら楽しんでいた。

　土日祝日には外食をすることもあった。一軒はかまど家といううどん屋さん、ここは麺類だけでなく定食も充実していた。ある時、サンマ定食を注文した原型師の田熊勝夫（たぐまかつお）が、サンマの頭と骨以外を全部食べて、箸を置こうとしたら、横にいた今池さんに「サンマは頭も喰うもんや」と言われ、物凄く嫌そうな顔をしながらサンマの頭を齧（かじ）っていたのが印象に残っている。そしてもう一軒、海洋堂行きつけの店といえば、京阪土居駅にあるお好み焼きの星月だ。ここが、当時の僕らにとって最高のご馳走だった。

　お好み焼きの星月は、海洋堂本店が土居にあった頃から付き合いのあったお店だった。なので、ここに行くときは、センムが前もって人数分の予約をしてから出かける。お好み焼きの豚イカ玉を一人一枚、それを食べ終わると極太麺の焼きそばが出てくる。四人がけのテーブルなら三人前、三人席なら二人前という計算だ。

　鉄板の上に広げられた焼きそばを、皆でつつく。これを食べ終わるとさすがに満腹になるのだが、若者ばかりだから、いやしい奴も多い。

　まず、自分の取り皿に山盛り確保してから、その皿の分は後回しにして、共同財産である鉄板の上の焼きそばに手を伸ばす豪の者がいた。河合その子ファンのゼンちゃんである。巨漢のゼンちゃんは、いつもこの手口で人より多くの焼きそばを食べていた。これに立ち向かったのが田熊君である。

その日、いつものように自分の分を先に取ろうとするゼンちゃんの動きを、田熊君は、お好み焼き屋の巨大なヘラで牽制し、鉄板の上の焼きそばの山をヘラで四等分にカットしてしまった。目に見える形で四等分されては、さすがのゼンちゃんも人の領域に手が出せない。ゼンちゃんの動きが止まったのを確認した田熊君は「よし」とつぶやき、落ち着いて自分の分を喰いはじめた。縦に大きなゼンちゃんと、横に大きな田熊勝夫の熾烈な戦いを、知性に勝る田熊君が制した瞬間だった。

星月は、後に行列のできる店として評判になるほどの名店で、太麺の焼きそばは本当に美味かった。数年前に閉店したと聞いたが、残念でならない。

それ以外にも、食事ではスペシャルイベントがあった。オバちゃんのカレーだ。兄ちゃんの母上、我らのオバちゃんが、大鍋で、昔ながらのカレーを作ってくれる。これが、もう、モロに昔懐かしいライスカレー。僕らは何も考えずに食べていたが、今思うと、本当に懐かしい味だった。

米とカレーは、大きな鍋で炊いて、大勢で食べるのが一番美味い。八〇年代も後半になると、家庭のカレーも変わってきて、昭和風味のカレーが姿を消しつつあった。あの時代にオバちゃんのカレーを食べられたのは幸せだと思う。

あと、海洋堂で最大のスペシャルメニューといえば、釣り好きの館長が釣ってきた魚の刺身だ。高知出身の館長は、もともとが海の男だから、釣りに行っても大物志向で、脂の乗った極太の鰹などを釣り上げて、大阪に戻ってくる。そうなると、館長自ら捌いた刺身が、いきなり我々の食卓に上るわけだ。これは、いつもはホカ弁で済ませている我々には、もったいないくらいのご馳走だった。

その日、久しぶりに館長のカツオが食卓に、というか量産工房前のテーブルに登場した。ちょうど、漫画の『美味しんぼ』で鰹の刺身にマヨネーズと醤油をつけて食べる方法が紹介されていたので、今池さんが「モドキ、ちょっとマヨネーズ持ってこい」と言い出して、オバちゃんから マヨネーズを借りてきた。醤油にマヨネーズという組み合わせが、まだそんなに知られていなかった時代で、尻込みする者もいたけれど、今池さんや僕は好奇心の塊なので、珍しいものはとりあえず喰ってみるのだ。醤油の小皿にマヨネーズを加え、刺身にマヨネーズがたっぷりからまるようにして口に入れた。うん、不味くはない。

今池さんと目が合った。何か、言いたそうな顔をしながら口を動かしている。ゆっくりと、鰹の刺身を飲み込んでから、今池さんが呟いた。「不味くはない」「うん、確かに不味くはない」とシゲちゃんが言う。「だが、別に美味いとも思えんなぁ」「口の中で、醤油とマヨネーズが融合しているという感じがしないんだよな」流石は海洋堂のゲッベルス、食べながら分析している。

その後、皆が箸をのばしてあっという間に刺身はなくなり、醤油は減ったが、マヨネーズは減らなかった。

海洋堂にいた当時はわからなかったけれど、要所要所で美味いものを食べさせてもらっていたのだと、今は思う。バイト代は安かったし、海洋堂自体も儲かってはいなかったけれど、それはそれで豊かな日々だったのかもしれない。

個人的な話になるが、この夏は、忘れられない事件があった――八月も終わりにさしかかった頃のことだ。東京の大学に進学していた加藤という高校のときの同窓生から、夏休みで帰省しているので久しぶりに遊ばないかという連絡が入っていたのだけれど、海洋堂のバイトがあるのでほったらかしにしていたのだった。そんなある日、海洋堂から帰ってきた僕を見て、母が、叫ぶように言った。

「あんた、どこ行ってたんや！」

「どこて、知ってるやろ。バイト行ってたんやがな」

「今、電話があってな、加藤君が車で事故起こして死んだって」

「加藤が？」

翌日が葬式だということで、バイトを休むために、慌てて海洋堂に電話を入れた。

「もしもし、兄ちゃん？　モドキです！」

「おう、モドキか、どないした？　誰か死んだか」

「死にました！」

嘘みたいな会話だが、この頃の海洋堂には、いつもアホとか死んだとか物騒な言葉ばかり飛び交っていたので、これが普通だった。

翌日、葬儀に行くと、同窓生が集まっていた。加藤らの乗った車は猛スピードでガードレールに激突して、三人が死んだ。三人とも顔見知りである。助手席にいた加藤の全身はぐちゃぐちゃに潰れていたらしく、彼の死に顔を見ることはできなかった。もしも海洋堂のバイトがなかったら、僕もその車に乗り合わせていたかもしれない。加藤と最後に会ったのは、その半年ほど前、彼のお父さんが亡くなったときのお通夜だった。心臓発作と言われていたが、自殺だったらしいと後から聞いた。加藤が死んで、お母さんと妹さんだけが残された。当たり前のことだけれど、二人とも葬儀の間中ずっと泣き続けていた。

海洋堂での初めての夏は、こうして過ぎていった。

量産のバイトに入ったおかげで必然的に海洋堂にいる時間が長くなった僕は、そのまま、ズブズブと海洋堂という繊細にして野蛮な底なし沼にはまっていった。

そこには、本当に才能のある化け物のような奴らがゴロゴロと転がっていたのだ。

5
原型師たち

ちょっとその、ゴロゴロしていた連中のことを書こう。年齢は皆、僕とたいして変わらない。当時の海洋堂造形室にいたのは、兄ちゃんと同い年だった量産のNさんを除くと、ほぼ全員が二十代前半から中盤の男たちで、さらにその中で中心的な役割を果たしていたのが昭和三十六年生まれの世代、僕より二つ上のこの世代は優秀な人が多く、漫画、SF、特撮のみならず、各方面で妙に才能のある人材を輩出している。

海洋堂の中心は、言うまでもなく創業者である館長、宮脇修だ。この頃は、ペンネームで宮脇童平を名乗っていた。館長はこの時すでに五十代も半ば、模型をアートに！　という志は高く、行動力も抜群で、いきなりアメリカに渡って現地のSFXマンと友達になったりするあたり、まさに地方のカリスマっぷりで、僕らスタッフにとっては、とにかく怒ると怖い雷親父だった。

ただ当時の海洋堂の主力であるガレージキットに関しては、息子である兄ちゃんが頭脳であり、プロデューサーとして動いていた。

もとが町の模型屋だから、基本は宮脇家の家族経営なのだ。海洋堂は、宮脇一家を中心とした、模型原理主義というか原始共産制みたいなところで、スタッフは、館長や兄ちゃんの言うことは聞くけれど、模型、造形物に関しては基本的に好きなものを作る。自分が作りたいものを作る。趣味と仕事の境界線が曖昧で、その状態が二十四時間続いているようなものだった。

実際、量産の仕事が終わると、皆が机に座り、模型を作り始める。最初から商品化が決まっている原型を作っている者もおれば、純粋に自分の趣味だけで何かを作っている者もいるし、雑誌に載せるために新製品の完成見本を組み立てている者もいる。自分の嗜好だけで作ったものは、完成度が高ければ商品化されるかもしれないが、版権が取れず商品にできないこともある。

だがしかし、商品化されない物を作ることが軽視されることはない。それが模型である限り、海洋堂においては、すべてが意義のあることなのだ。ただし、出来が悪いと痛烈に馬鹿にされる。皆、造形物を見る目はあるし、口は底なしに悪かった。

そんな、模型原理主義者の巣窟、海洋堂原型室で、リーダーである兄ちゃん以上に全身から模型者のオーラを放つ牢名主のような存在がいた……今池芳章さんである。

今池さんは、シゲちゃんやボーメさんと同じ世代、子供の頃からの常連で、そのままガレージキット創生期のスタッフになったクチだ。ガレージキットが始まった頃、ディフォルメした半魚人のフィギュアを作ったりして、早い時期からメディアに名前が出ていた。

宮崎アニメのフィギュアで高い評価を受け、先にも触れたが、大手メーカーによってナウシカ・フィギュアを無断で商品化されたりもした。この時期は、引き続き宮崎アニメのキャラを立体化していた。初期の海洋堂が出していた『ルパン三世 カリオストロの城』のフィギュアは、原型師の名前が海野洋二（うんのようじ）名義になっているが、これは今池さんとシゲちゃん、白井武志二人のペンネームだった。

初期のガレージキットはペンネームで作品を発表する原型師も多かったのだ。みんな、同人誌に漫画を描くような気分でガレージキットを発表していたのである。

今池さんが考えたペンネームはもう一つあって、小比類巻英二（こひるいまきえいじ）という。この小比類巻という名前も、今池さん一人ではなく、ボーメさんや田熊君も小比類巻の名義で作品を発表している。知らない人は小比類巻英二のことを、突然現われて色んなタイプの原型を幾つも作った器用な新人原型師と思っただろうが、実際は、身内の遊びみたいなものだった。

そういえば、『週刊ビッグコミックスピリッツ』でグルメ漫画の草分け『美味しんぼ』の連載が始まり、漫画好きの間でそろそろ話題になりかけた頃、海洋堂に顔を出すと、『美味しんぼ』の主人公である山岡士郎と海原雄山のフィギュアがあって驚いたことがある。これも海野洋二のユニットの仕業だった。面白い漫画がはじまったので、作りたくなってしまったらしい。版権の関係で商品化はされなかったが、美味しんぼフィギュアはシリコン型も起こされて、ごく少数が関係者の手に渡ったはずだ。商品化が無理なのは最初からわかっていたが、それでも造形したくなると作ってしまうのが海洋堂クオリティだった。

ふざけたペンネームといえば、後で紹介する若手の片山浩（かたやまひろし）が、雪乃段将（ゆきのだんしょう）というペンネームを使ったことがあった。これは斉藤由貴主演の映画『雪の断章』からとったものだった。片山に言わせると「ゆきのだん・しょう」と読むらしいが、あまりに馬鹿馬鹿しいので、片山以外は誰も雪乃段の名前は使わなかった。皆、真剣に模型を作っていたけれど、常に遊び気分でもあった。

海野や小比類巻といったペンネームを面白がって使っていた今池さんだが、本命のナウシカ・シリーズは本名で発表していた。そのディテールは一作ごとに深く細かくなり、完成度を高めていた。ナウシカやクシャナといった人気のある女性キャラだけではなく、クロトワという男性キャラの作品は、荷物の上に座り込んで休息している様子などが、見事に立体化されており、クロトワのため息が聞こえてくるような造形だった。中でも一番凄かったのは、シリーズの最後に出した「虫遣い」という作品で、作中では目立たない地味なキャラなのだが、ジオラマ形式で、腐海に侵されたナウシカの世界をリアルに三次元に置き換えたような代物だった。掌に乗るほどの小さな模型だが、見ていると吸い込まれそうになる。

ガレージキット創生期に世に出た傑作の中でも、作品の背後にある世界観を強烈に感じさせる逸品だった。というわけで、海洋堂のナウシカ・シリーズは、先に出た主人公のナウシカよりも後から制作されたオッさんキャラのフィギュアのほうが、造形物としての完成度が高いのだった。

海洋堂の商品にはそういうことがよくあった。

その今池さんは海洋堂ホビー館に住んでいた。もとが巨大倉庫を区分けしたものだから、店舗に工場、そして在庫の倉庫以外にもさまざまなスペースがあった。二階の奥には居住空間があり、遠方からの来客や仕事で遅くなったスタッフが宿泊できるようになっていた。ホビー館の隣には宮脇家の居宅があり、館長夫婦はそこに住んでいたが、兄ちゃんはホビー館の中に自分の部屋があって、そこで寝泊まりしていた。

ある時期からは、関東からやってきた原型師の田熊勝夫もホビー館に住んでいた。田熊君は、茅場町（かやばちょう）にあった初代ホビーロビーに、フルスクラッチしたバトルフィーバーJのフィギュアを持ち込み、あまりに出来が良かったので、そのまま原型師デビュー、海洋堂の社員になってホビー館に住み込むことになった。

アマチュアからいきなり業界最大手でプロになるという、ある意味で夢のようなエリートコースを歩んだ田熊青年だったけど、創生期のガレージキット業界は貧しかったので、田舎から出てきた彼を待っていたのは、大阪の衛星都市にある巨大で埃くさい倉庫の二階のタコ部屋のような場所だった。

あの頃のホビー館によく似た建築物を、十数年後になってテレビのニュースで見ることになる。一九九五年に地下鉄サリン事件を起こしたオウム真理教の施設、サティアンである。大勢の人間が居住できる施設であり、工場であり倉庫でもあるオウムのサティアンと海洋堂ホビー館は凄く似ていた。どちらも一般社会から切り離された空間である。

そのサティアンのようなホビー館の二階には今池さんの部屋があった。社員が住み込むのは別段変なことではないが、今池さんは海洋堂の社員ではなく、別に本職があってその会社に勤めていたのだから変な話だ。つまり今池さんは、朝起きると、海洋堂の社員たちが出社してくるのと入れ違いに自分の仕事場に向かい、夕方、仕事が終わると海洋堂に帰って来て、模型を作るのだ。今池さんは、古株であり実力もあるから、ホビー館のスタッフからは信頼され、若手にはアドバイスを送ることもある、原型室の中心的存在だった。ちなみに、僕の知る限り、家賃は払ってなかったと思う。

海洋堂と今池さんの関係は、はたから見ると理解しがたいものだったが、海洋堂の中にいてもやっぱりよくわからなかった。口の悪い人ばかりの海洋堂スタッフの中でもズバ抜けて口が悪かった今池さんだが、模型に対する批評眼はもうやたらと鋭かった。一見、良くできているように見えるけど何となくイマイチに見える作品があったとする。今池さんは、その作品のどの部分が弱いかを的確に見抜いて指摘するのだ。

怪獣造形の原さんが、『仮面ライダー』の怪人シオマネキングを作ってきたことがあった。シオマネキングは文字通り、蟹のシオマネキの怪人で、その左手が巨大なカニのハサミになっている。原さんのシオマネキングを手にとり、無言で眺めていた今池さんは、それを僕に手渡すと、こう言った。

「モドキよ、お前どう思う？」

大事な原型を受け取って、おっかなびっくり触りながら慎重に観察する。精巧に作られたハサミの部分は鋭く、触ると指が痛いほどだった。さすがに原さんというしかない。実際、撮影に使われた実物のぬいぐるみよりもかっこよく造形されていたと思う。僕みたいな下っ端からすると、良くできていますとしか言いようがない。だが、今池さんは違う。

「よう見てみ、左手のカニのハサミは凄い作りこんであるやろ。でもな、右手はメッチャ適当に作ってある」

言われてみれば確かに、普通の五本指である右手はわりとぞんざいな作りだった。左手のハサミが凄まじく巧妙にできているだけに、比べてみると右手だけ手を抜いたように見えてしまう。原さんは作りがいのある左手には全力投球したものの、あまり面白みのない右手はそれなりに仕上げてしまったようだ。

「俺は、原さんのこういうとこがわからんのやね」

完璧主義者の今池さんには、原さんの性格というか、一個の作品内に凄い部分と不出来な部分が共存してしまう作風が納得できなかったようだ。後にビデオや写真で確認してみたところ、初期『仮面ライダー』の怪人というのは、『ウルトラマン』の怪獣などと比べるとわりと雑な作りで、シオマネキングのハサミもそんなに精密な作り物ではない。

造形家の業というか本能で本物より精密なハサミを作ってしまうのはさすが原さんというべき

だけれども、簡単に作れるはずの右手の作り込みで、おそらくは無意識に手を抜いてしまうのも、まことに原さんらしかった。今池さんの眼力は、こういう作り手が無意識に手を抜いてしまった部分を一瞬で見抜くのだ。

こんなこともあった。後で紹介するが、山下という若手の原型師がヘルメットくらいのサイズの恐竜の頭部模型を作った時だ。

良くできているのだが、何かが足りない感じがする。

粘土原型を石膏で型どりし、FRPで抜いた未完成状態の頭を前に、僕と山下で「これ、どうしようか?」という話をしていた。

本人も何かが足りないのは認めているし、僕のようなヘタクソの目から見て今ひとつの出来だということは、海洋堂にいるスタッフの誰が見ても納得できる完成度ではないわけだ。このままでは世に出せないし、商品化もできない。

「何が足りないんすかね?」という山下に、僕は言った。

「恐竜の首というか、顔だけあるから足りないような気になるんと違うか? 人間の頭部を彫刻にする時も肩から作ったりするやん。せやから、この恐竜も喉笛のあたりから作ってあれば全体のシルエットが変わるから印象が違うと思うけど」

「そうですか、喉笛ね」

器用な山下はその場で恐竜の首に盛り付け、あっという間に喉笛を作ってしまった。さすが、原型師であって早い。

「これでいいですかね？」とは言われたものの、アドバイスした僕自身も良くなったのかどうか、今ひとつ良くわからない。

山下が帰った後、改めてその恐竜の首を眺めていると、今池さんが入ってきた。

今池さんは、山下が喉笛を作り足した恐竜の首を少し眺めると、いきなり山下が作り足した喉笛の部分の粘土を指で潰し、剝ぎとってしまった。これには驚いた。

僕は、「わ！　今池さん、それ、山下がたった今手直しした部分ですがな」と言おうとして、言葉が出なくなってしまった。誰かが作っている途中の作品を勝手に壊すというのは、基本的に、ご法度である。山下がその場にいたら深く傷ついたと思う。「あの」とか「ちょ……」とか、言葉に詰まっている僕を見て、今池さんは言った。

「これではアカンのや。わかるやろ」

お前も海洋堂の一員なら、俺の言うてる意味はわかるな？　というニュアンスの込められた、「わかるやろ」の一言だった。

そう言われて、アホな僕にも今池さんの言わんとするところが一瞬で伝わった。不出来な作品に手を加えるのは良いけれど、適当に作ったような代物では一発で見抜かれるぞと。そういうことだ。

僕が頷くと、今池さんは「ま、そういうこっちゃ」と言って自分の作業に戻り、粘土をいじり始めた。改めて怖い人だと思った。

今池さんは、その後も凄まじい原型をいくつも作り上げたが、ある時期から新作を作らなくなり、海洋堂を去った。

その頃には僕も海洋堂を離れていたので、詳しい話はわからないが、シゲちゃんに言わせると、「あの人はやるべきことを全部やって海洋堂を離れたんだ」ということだ。

実際、それ以降はまったく作品を発表していない。彼ほどの腕ならば、どこのガレージキットメーカーでも諸手を挙げて迎えてくれるはずだが、恐らく今池さんはそんなことには興味がなかったのだ。

海洋堂が、食玩やアクションフィギュアでビッグビジネスに進出するのは、今池さんが去った後である。

初期の海洋堂において、今池さんとは違う意味で独自のポジションにいたのが、白井武志ことシゲちゃんである。この人は今も海洋堂の中枢部にいて、宮脇センムから海洋堂のゲッベルスとか呼ばれたりしている。

ゲッベルスと言われたのもある意味当然で、この時期から海洋堂の宣伝はすべてシゲちゃんがやっていた。たった一人の海洋堂文芸部というか宣伝部というか、とにかく特殊なポジションで、シゲちゃんのデスクは皆と同じ原型室ではなくて事務室にあった。

もともとはバルタン星人のフィギュアを持ち込んで原型師になったので、もちろん有能なモデラーなのだが、海洋堂には毎月の雑誌広告を作ったり、イベントのチラシを作ったりする人材がいなかったので彼が一人でやっていたのだ。

それ以前の海洋堂の広告は館長が一人で書いていたのだが、「館長に任せたら商品のことを何も書かないから」シゲちゃんがその仕事を取り上げてしまったのだ。だから、あの頃の日本中に少なからずいた模型少年のハートに火をつけた海洋堂の雑誌広告は、ほとんどシゲちゃんが一人で作りあげたものだった。

ガレージキットがはらむ、アートとしての可能性をいち早く理解し、模型雑誌の広告を通じて、アジテートしまくった。館長が昔から抱いていた、アートとしての模型という大きなテーマと、実際に勃興しつつあったガレージキットを上手く橋渡ししたのは、シゲちゃんの力が大きいように思う。

口は立つし、頭は切れる。まさにゲッベルスだったが、それゆえに他の模型バカなスタッフに対しては一線を引いているようなところがあった。

そしてまあ、この人も、今池さんに負けず劣らず口が悪い。何かというと人を「バカ」というのだ。確かにシゲちゃんから見ると、海洋堂スタッフのほぼ全員がバカなのは事実だった。根が常識人というか一般人で、毎日が狂った模型祭りというか文化祭前日のような海洋堂の中にいて、ただ一人、世間から見たら我々は頭がオカシイように見える――という意識がある人だった。

「普通の会社入って通用するの俺だけや」というようなことを、よく言ってた。

僕自身も、本人に向かって、「シゲちゃんなら普通の大企業とかに就職できたろうに、なんでまた、海洋堂の社員になったのよ?」と言った覚えがある。それくらい、スタッフの中で異彩を放っていたのだ。

バルタン星人を持ち込んでセンムやボーメさんたちを驚かせたほど有能な造形家ではあるのだが、シゲちゃんが原型師として活躍した期間は長くはない。原型師としての自分を抑えて、裏方に回るのを好むようになっていた。

実際、初期に作ったバルタン星人をリニューアルする話があったのだが、シゲちゃんは、いつまでたっても完成させなかった。たぶん、本人の中ではすでに現役の原型師としては一歩引いた気になっていたのだろう。

とはいえ、造形をやめたわけではなかった。後に、海洋堂と提携するイラストレーター松下進(まつしたすすむ)氏のイラストを立体化した作品が、雑誌『ファミ通』の表紙に使われ、シゲちゃんの造形が全国の書店に並ぶことになる。これらの作品は商品化されなかったが、松下イラストの独特のタッチと相俟った柔らかみのある造形は評価が高く、長く継続される仕事となった。

今池さんにしろ、シゲちゃんにしろ、原型師としての活躍期間は長くない。

他にも、ある時期を境に止めてしまった原型師は大勢いる。もちろん、力及ばなくて辞める人間がほとんどだが、井上アーツや原詠人といった、ムーブメントそのものを牽引したような実力派も、ある程度の作品を残したところで活動を停止している。皆、続けていれば、経済的成功もあったかもしれない人たちだ。事実、井上さんなどは、マルサに踏み込まれるほど稼いだ時期がある。

シゲちゃんに関して言えば、『ファミ通』の表紙になった作品は、初期のガレージキットよりも完成度が高い。造形家としての腕は上がっているのだ。なのに、自分の作品を商品にすることはせず、海洋堂の宣伝と企画開発に専念した。やりたいことをやり尽くして辞めた今池さん以上に謎めいたところがある。

おそらく、ガレージキットというのは初期のパンクロックみたいなもので、青春の初期衝動とともにあるものなのだ。だから、やるべきことをやったという自覚のある人間は、自らの意志で一線を去るのだ。

そして、辞めなかった者もいる。

僕よりも年下で、主要メンバーの中では最年少だった寺岡邦明（てらおかくにあき）は、大阪の工芸高校在学中に持ち込んだ作品で原型師デビューを飾り、そのまま海洋堂に就職、以後ずっと原型を作っている。大阪人なので田熊君のようにタコ部屋サティアンに住み込む必要もなかった。無口で口も悪くない寺岡は、シゲちゃん以上に海洋堂では数少ない一般常識人だったが、実は寺岡のような人のほうが珍しいのだ。

紆余曲折を経て、結局、誰よりも長く原型師を続け、結果的にビッグネームになってしまった人がいる。それがＢＯＭＥさんだ。現代アートの巨匠、村上隆氏のプロデュースで世界的規模のアーティストになってしまい、フランスではムッシュボームとか呼ばれている。

もともとは、海洋堂初期の常連である。小学校の頃から海洋堂に入り浸り、トレードマークの帽子と眼鏡からボーメと名づけられた。この頃はすでに帽子をかぶっていなかったが、海洋堂で一度つけられたニックネームは永遠不動なので、ずっと、ボーメと呼ばれていた。一部の親しい人間はボーさんと呼ぶ。発音は、坊さんと同じ。

ボーさんほど人見知りの激しい人間を見たことがない。事実、僕が海洋堂に出入りしはじめた頃は、口も聞いてくれなかったのだ（本人は覚えていないようだが）。今思うと、単純によく知らない人間と喋るのが怖かったのだと思う。親しくなるとズケズケと喋るようになったので、実は良い人なんだとわかったが、最初は今池さん以上に怖い人に見えた。

こんなことがあった。その日は休日で、兄ちゃんも出かけてしまったので、原型室にいたのはボーさんと僕の二人だけだった。僕は、ゴジラを削り、ボーさんは何かを塗装していたと思う。窓の外で人の気配がした。見ると、館長が数人の女の人を連れている。どうやら、近所のスナックの女の人を呼んで、ホビー館の中を案内していたらしい。

三十代の半ばくらいの女性が窓から中を覗き、目があったので、「こんにちは」と挨拶した。女の人もこちらに会釈して、そのまま立ち去った。館長の自慢気な声だけが聞こえていた。

女の人達が去った後で、ボーさんが僕に言った。

「モドキ！　お前、よう初対面の女の人と喋れるな！」

喋れるもなにも、こんにちはしか言ってないのに！　これが同世代の女の子なら多少の緊張はあるかもしれないが、相手は三十過ぎの、当時の僕らからしたら、オバちゃんである。何を緊張することがあるだろうか。当然のごとく、僕はボーさんに言い返した。

「ボーさん、それはおかしい。いくらなんでも、人が来たら、挨拶くらいするのが普通やろ。ていうか、あんたも二十歳過ぎた大人やねんから、挨拶ぐらいせんとアカンで！」

「いや、それが！　俺にはできんのや！」

どうやら彼は、館長の奥さんこと海洋堂のオバちゃんと、事務室にいる経理のママさん以外の女性とは会話ができないらしかった。そろそろ五十路という歳になった今では、かなりの社交性を身につけたようだが、ボーさんは独身のままだ。

そんなボーさんだが、一時期は海洋堂を離れ、東京で一人暮らしをしていた。海洋堂創生期からの常連として最初期ガレージキットの立ち上げに関わり、いくつかの原型を発表した後、アニメーターを目指して上京したのだった。だが、生来の人見知りのせいか早い段階でアニメーターは挫折してしまう。

そんな矢先、東京の茅場町に海洋堂のギャラリーができた。記念すべき東京進出だった。

アニメーターを諦めてブラブラしていたボーさんは、茅場町のギャラリーにしばしば顔を出すようになり、そこで兄ちゃんと再会、色々あって大阪に戻り、そこからは海洋堂専属となって、量産工房で働きつつアニメフィギュアを作るようになった。そこからは、ずうっと女の子を作っている。

　今では美少女フィギュアの巨匠と呼ばれるボーさんだが、初期の頃はシンドバッド映画のサイクロプスを作ったり、モスラの幼虫を作ったり、ガメラ怪獣のギロンを作ったりしていた。ごく初期のサイクロプスなどを見返すと、デッサンもイマイチで、いかにも特撮SF映画好きのアマチュアが作りましたという感じで微笑ましい。ボーさんは、今池さんやシゲちゃん、寺岡たちのように、最初から作品の完成度で周りをあっと言わせるタイプではなかった。基本的に、努力家なのだ。コツコツと、ネチネチと、粘土をこねて、いくつも完成品を作り、うまくなっていったタイプだ。本人も、そのことはよく自覚していて、二言目には「俺は才能がないんや」と言っていたものである。ただ、この人は本当に粘り強い。単調な作業を黙々と続けられる執念深さがあって、そこは凄いものがあった。ただし、努力家とは言っても、自分の気に入らないものは作れないタイプなので、上手くなってからも融通の効くタイプではなかった。

　ボーさんが高千穂遙原作のアニメ『ダーティペア』のメインキャラ、ユリとケイの二体を同時進行で作っていたことがあった。二つセットにして販売する予定だったのである。だが、二体同時進行と言いつつ、ケイのほうは順調に進んでいるのにユリのほうがなかなか進まなかった。

　傍からボーさんの机を覗きこむと、後はディテールを仕上げて表面処理をするだけのケイと、まだラフなラインしかできていないユリが二体並んでいる。ボーさん自身は遅れているユリを放置して、一生懸命ケイを作り込んでいるのだ。この頃、シゲちゃんの下で広告を作っていた僕は、宣伝担当としての意見を述べた。

「ボーさん、これ同時に発売するんやから、ユリも早う作ってや」

「別にええやんけ！　俺はケイを先に仕上げたいんや！」

「ほんでも、セットで出すんやから、一緒に写真載せたいやん」

すると、ボーさんは僕を睨んでこう言った。

「わかってくれ！　俺はボーイッシュな女の子が好きなんや！」

わかってくれと言われたが、普通の感覚ではわからない。『ダーティペア』について説明すると、ケイが赤毛のショートヘアで、ユリは黒髪のロングヘアだ。作中ではどっちもアグレッシブなキャラクターとして描かれているが、まあショートのケイのほうがボーイッシュといえばボーイッシュではある。ボーさんはケイのほうが好みなので優先的に進めていたらしい。

「知らんがな、そんなこと……」

結果的にユリもケイも無事完成し発売されたけど、僕はこの時のボーさんとの会話で、原型師という人種のモチベーションの秘密に触れたような気がした。

好きなものしか作れない。

今池さんは、作りたいものをすべて作って足を洗った。シゲちゃんは原型師から一線を引いて、作りたいものだけを作るスタンスを取った。

他にも、ある時期を境に辞めてしまう原型師は多く、ずっと続けている人間のほうが少ない。

海洋堂以外にも、大勢の原型師が、現われては消えた。技術的な問題や、ガレージキットでは食えなかったという側面もあるだろうが、やはり、模型に対するモチベーションの問題が大きいと思う。

ガレージキットは、基本的に青春のアートだった。歳をとっても続けられるのは、ほんの一握りの人間だけだ。

ボーさんは、ずっと模型一筋で生きた。モスラの幼虫とかも作っていた初期を除くと、美少女フィギュアしか作っていない。親しい人間とならいくらでも喋るけれど、外部の人間に対しては極端に人見知りで口下手だから、口よりも手を動かしつづけた。

この人だけは、本当に海洋堂という場に出会えてよかったと思う。俺だけは一般社会に出ても通用すると豪語する常識人シゲちゃんとは真逆で、誰もが、この人は海洋堂以外では生きていけないのではないかと思ってしまうようなところがあった。まあ、実際、アニメーターを辞めてからはずっと海洋堂にいて、そこから一歩も外に出ないまま世界に通用するアーティストになってしまったというのが凄い。そして今でも、好きなものしか作らないらしい。

ボーさんを語る上で忘れられないのが安良ひろちかさんだ。ガレージキットに詳しい人でも、この名前を知る人は少ない。

安良さんは、ボーメ、今池と並ぶ古株で、海洋堂がガレージキットに手を付けはじめた頃のスタッフだ。塗装や写真の撮影が得意で、初期の海洋堂の商品写真の多くは安良さんが撮影したものだった。

僕が海洋堂に出入りし始めた頃、安良さんはいなかった。

ある日突然、海洋堂に行ったら安良さんがいて、初めて見る顔なのに古株の人たちに親しそうに話しかけているのを見て、何者なのかと驚いた記憶がある。

安良さんはちょっと変わった人というか、かなり気まぐれで面倒な人で、なおかつ皆と一緒になって仕事をするタイプではなかったので、原始共産主義よろしく何かをやる時には全員で一丸となって動く海洋堂スタッフの中では浮いていた。

後でわかったことだが、安良さんは気まぐれに海洋堂にいついたり、離れたりする人だった。海洋堂は「来る者は拒まず、去る者は追わず」がポリシーなので、いなくなる人もいれば理由もなく戻ってくる人もいるのだ。

この頃の安良さんは、いったんいなくなって戻ってきた時期だったらしい。いわば、出戻りだ。兄ちゃんをはじめとする古株に顔が利くので何となく戻ってきたわけだが、量産の工房に入って働くわけでもなく、適当にフラフラと色んなことに口を出すので、一部の人間には煙たがられていた。何をやっているのか、よくわからないのだ。

僕が見る限り、模型を作っている様子もない。海洋堂にいて模型を作らないというのは、ちょっと異例なのである。

ただ、その頃の海洋堂は、顔見知りだと普通に中に入れた。速水さんや荒木さんといった原型師は、海洋堂との付き合いこそ古いものの基本的にフリーだったし、夏休みや冬休みだけ量産工房に参加する学生バイトも何人かいた。量産工房を中心とする本部隊以外に、さまざまな形で海洋堂に参加する遊撃隊みたいな人間が大勢いたということだ。フラッと遊びにきて、気がついたら何かを手伝っていく人もいる。

内部と外部の境界線は曖昧だった。店舗の営業は夕方で終わるので玄関は施錠するのだが、知り合いがやってきてブザーを鳴らすと、居合わせた誰かが鍵を開けに行く。

古株で医大生だった銀ヘルなどは、よく夜になると現われて、人が組み立てたキットを見ては「コレ、ちょっと仕上げが粗いで」とか言ってくれたものだ。

銀ヘルは、言うだけで自分はなんにもしなかった。

仕上げが荒いのは時間がないからじゃ！　と言い返しても、シレッと笑っている。たまに現われて原型室に座り、置いてある模型をあれやこれや品評するので、この人は何か偉い人なのではないかと思ったが、単に古株なだけだった。医者を目指して勉学中だったので、あまり実労働には関わらなかったのだ。銀ヘルは安良さんと違って気さくな男だったので、来ると歓迎されていた。

安良さんもまあ、気さくといえば気さくなんだが、エキセントリックというか、何となく人を小馬鹿にしたような態度をとるので、自然と人の反感を買うのだった。

安良さんは、初期の海洋堂に対する貢献度が大きいので、仕事をするわけでもなくウロウロしていても怒られない、という部分があった。

ただまあ、量産工房で働いている人間から見ると、フラフラと遊んでいるように見える。そのくせ態度はデカいというか歯に衣を着せぬ喋り方で、人が作っているモノに平気でケチをつけるから、安良さんを嫌っている人間は結構いた。

でも、本人は知らん顔である。

大阪ローカルのテレビ局が取材に来たとき、テレビスタッフの気を引こうとしたのか、ずっと「ウィ・アー・ザ・ワールド」の日本語版を歌っていたという逸話があって、要するに場の空気を読まないのだ。

そのテレビ取材の後で、人の良い量産工房のまとめ役である橋(はし)さんが、安良さんのことを厳しい口調で批判した。他にも何かあったのだろうが、滅多に怒らないことで定評のある兄貴肌の橋さんが、安良さんだけは好きになれないようだった。

安良さんは、この後も出たり入ったりを繰り返し、最終的にはヘヴィゲージという原型師の集団を結成し、模型誌に記事を書いたりもしていたけれど、ほどなくしてそのヘヴィゲージも辞めてしまった。自分が結成した集団をあっさりと辞めてしまうところが安良さんらしい。

安良さんの現在の消息は、わからない。初期のガレージキットに残した足跡は小さくないが、その名を覚えているのはごく一部の人間だけだ。その安良さんを、ボーさんはやたらと尊敬していた。

「いや、俺は安良さんには敵(かな)わんのよ」

ロボットに塗装しながら言うボーさんの横顔を、僕は良く覚えている。

ロボットの下地を銀色に塗り、その上から半透明の塗料を何重にも吹き付け塗装することで、本物の金属のような色合いを表現する。

「この塗り方も安良さんが思いついたんや、あの人は凄いんやで」

ボーさんの言葉には、他の人間が安良さんを嫌っていることは理解しつつ、安良さんの凄さを皆にもわかってほしい、というニュアンスが込められていた。

だがしかし、それから四半世紀たって思うのは、やはり、いろんな物を途中で投げ出し、姿を消した安良さんより、ずっと美少女フィギュアを作り続けたボーさんのほうが凄いのだ。

海洋堂を離れて十年近くたった頃、東京で脚本家を始めていた僕は、特殊メイクのことで相談したくて海洋堂に電話をかけたことがある。専務とシゲちゃんはいなくて、ボーさんが電話に出た。ちょうど村上隆さんのプロデュースにより、海外でアーティストとして認められはじめた頃である。

「モドキか！　久しぶりやな、お前、今、何やってんねん？」

「ああ、俺、今、東京で映画の脚本家やってるねんけど」

「なんやと？　お前が映画の脚本家か！　凄いやんけ！」

「ボーさんこそ、最近はアーティストらしいやんか。凄いな」

「おう！　俺がアーティストやて、笑ろてまうやろ」

「ニューヨークで評判なんやろ？　ニューヨーク行ったらええやん。金髪が大勢おるで」

「アホかお前！　ニューヨークなんか行くわけないやろ！　撃たれたらどうすんねん！」

「オッサン、ニューヨークのこと何か勘違いしてないか？　空港から出た途端に撃たれたりはせんと思うで」

「いや、怖いから俺は行かへん！　絶対イヤや」

この人は変わらんなぁと思った。死ぬまで変わらん。

今池さん、シゲちゃん、ボーさん、この三人の立ち位置が絶妙のバランスで海洋堂原型室の土台となり、そこに出たり入ったりする大勢のモデラーが好き勝手にモノを作ることで、独特の空間が形成されていた。

それが、八〇年代の海洋堂だった。

人の出入りが激しかったのは、学生が多かったことと、ガレージキットで食えるかどうかわからない状況だったからだろう。海洋堂はガレージキットという世界では名実ともにトップだから、新たに入ってくる者は数多くいる。その反面、ある時期が来れば去る者もいる。

僕はあまり面識がなかったが、大学在学中に101匹怪獣を発表して名を上げた速水仁司さんは、早い段階から自分のビジョンを持ち、動いていた、賢明なモデラーだった。海洋堂とは一原型師として関わるスタンスで、他からの仕事もバランス良くこなす。

「速水さんはバーリンデンを目標にしている」と聞いたことがある。

バーリンデンはベルギーのフィギュアモデラーで、精密なミリタリーモデルを得意としていた。ジオラマ形式で表現された小さな兵隊たちは、ヨーロッパの戦場で繰り広げられたと思われる風景を再現していた。ある時期以降の速水さんの作風は、バーリンデンの手法をロボットアニメに応用したもので、二次元のアニメロボットが躍動する瞬間をジオラマで表現している。ロボットフィギュアという分野には、彼以降、何人もの凄腕モデラーが現われるが、速水仁司は二〇年以上たった今も第一線だ。

速水さんは、阪神大震災後の神戸に、実物大の鉄人28号のモニュメントを建てるというプロジェクトでも責任監修を行なった。現在、神戸の新長田駅前に立っている鉄人は、体を傾け、拳をあげた躍動的なもので、これぞ速水造形という迫力に満ちている。

ハリ師カズやんで知られる恐竜造形の第一人者・荒木一成は、この頃すでに鍼灸医だった。実は、海洋堂に関しては今池さんらと同じぐらい古株の客で、恐竜造形で知られる前は模型誌に『スター・ウォーズ』の作例を発表していたこともある。キャリアの長さもあって、最初から凄いレベルの恐竜を作っていた。

海洋堂の造形品が、スミソニアンなど海外の博物館で認められるきっかけを作ったのは、荒木さんの恐竜があったからだ。鍼灸医をやりながら原型を作っていたから、海洋堂に来る時は基本的に遊びに来るような感じで、フラリと現われては仲間と馬鹿話をしていた。

荒木さんは話も面白く、いい意味でユルい人で、この人と喋っていると、海洋堂が地元のモデラーのたまり場だった頃の空気がわかるような気がした。荒木さんと兄ちゃんや今池さんの会話を聞いていると、古い友達同士がじゃれあっているようだった。

恐竜モデルは当時の海洋堂がもっとも力を入れていた分野で、荒木さんをメインに、他の人も手を染めていたが、質量ともに荒木さんの独り舞台だった。怪獣モデラーの原さんも迫力のある恐竜を作っていたが、最新の復元図を元に精密なデザイン画を起こしてから造形する荒木作品は海外の専門家に注目されたのだ。

この頃、海洋堂に長いこと設置されていたレーシングカートを取り壊し、土台はそのままで、巨大な恐竜のジオラマを皆で寄ってたかって作り上げた。ジオラマのベースさえ作ってしまえば、後は荒木さんたちのキットを組み立てて並べるだけだった。ホビー館の建物自体は相変わらず埃っぽい古倉庫のままだったが、敷地の広さを活かしたジオラマは迫力があり、海外からの来客にも好評だった。商品の売上はアニメフィギュアや怪獣に及ばなかったが、アカデミックな方面に訴えかけるためにも、海洋堂には恐竜が必要だったのだ。

恐竜の復元図は時代によって変わる。僕らの世代が子供の頃に見ていた恐竜図鑑と、今の恐竜図鑑では、復元図に描かれている恐竜の姿形が全然違う。

資料集めが好きで海外の文献にも手を伸ばしていた荒木さんは、最新の学説を随時取り入れて造形していたが、それはそれで色々と悩みがあるようだった。

草食恐竜には頬袋があったという説がある。荒木さんもこの説を取り入れた恐竜を立て続けに作っていたが、あるとき作ってきた新作恐竜には頬袋がなかった。

「あ、今回は頬袋なしですか?」と聞いたら、荒木さんは顔をしかめてこう言った。

「あのな! あれを作ってしまうと、どの恐竜も全部おんなじ顔になりよんねん」

最先端の研究家にして凄腕の原型師にも、色々と悩みがあるもんだなと思った。

また、別の機会だが、模型雑誌『モデルグラフィックス』の人気連載「ハリ師カズやんの恐竜でっせ!」にアロサウルスの作例が掲載された際のこと。雑誌が発売された数日後に荒木さんが遊びに来ていた。実は、その少し前に彼とアロサウルスの最新の復元についての話をしていたので、話を振ってみた。

「ああ、荒木さん、あのアロサウルス……」

「すまん!」いきなり謝られたので驚く僕に、荒木さんは言葉を続けた。「あの頭骨はウソや!」

有名なティラノサウルスと同じ獣脚類であるアロサウルスは、ティラノサウルスを小型にしたような感じで描かれることが多かった。だが、新たな化石の発掘や復元技術の進歩によって、ティラノサウルスとは微妙に違う体型だったことが明らかになっていた。アロサウルスのほうが頭が小さく、シルエットもあまり似ていない。この時の作例は、最新の復元図が手に入る前に作例のデザイン起こしを始めていたので、頭の形を微妙に最新の学説とは違う形で仕上げてしまい、僕に何か文句を言われるのではないかと気にしていたらしい。

『モデルグラフィックス』での連載は、途中で「ハリ師カズやんの翼竜でっせ!」になったりもしながら、長く二十一世紀まで続いた。荒木さんは、本職のハリ師と並行して、各地の博物館の復元模型や食品玩具の原型など幅広い分野で活躍し続けている。

今でも、恐竜といえばハリ師カズやんである。

6
僕らの1Q84年

ここで少し、当時の状況について説明しておく。

荒木さんが連載を持っていた『モデルグラフィックス』は、一九八四年創刊、先行する模型雑誌『ホビージャパン』のスタッフが独立して創刊した雑誌で、ライター陣も『ホビージャパン』で活躍していた人たちが主流だった。

創刊当初から宮崎駿（みやざきはやお）のカラーイラスト付きエッセイを載せたり（これは宮崎の趣味丸出しの好企画で、手描きの宮崎メカイラストが満載だった）、『風の谷のナウシカ』特集では、後におニャン子クラブのメンバーとして人気アイドルとなる、ゆうゆこと岩井由紀子にナウシカのコスプレを着せてグラビアで扱ったりと、かなりアニメ・SF・ガレージキット層を意識した誌面展開がなされていた。

一九八四年といえば『メカゴジラの逆襲』を最後に途絶えていたゴジラシリーズを東宝が復活させた年である。八四年バージョンのゴジラを速水さんが作った作例は『モデルグラフィックス』新年号の表紙を飾った。そして『モデルグラフィックス』の後を追うように翌八五年には、ガンプラで有名な玩具メーカーのバンダイが『B-club』という雑誌を創刊する。それまで、ガレージキットに関する情報を掲載していたのは、季刊のSF誌『宇宙船』と模型誌の月刊『ホビージャパン』。二つしかなかったメディアが短期間で倍に増えた。しかも、『宇宙船』は発行部数が増え、一時的に隔月刊になっていた。

バンダイが出版に力を入れ始めたのは、ガンプラ改造マニュアル『How to build Gundam』がめちゃくちゃ売れたという背景があったからだが、『B-club』では、ガンプラの改造パーツを限定発売のガレージキットとして発売したりして、ガンプラとガレージキットというムーブメントをメジャーメーカーの立場から後押ししていた。

市場的にはきわめて小さな規模だが、模型業界にガレージキットバブルが起きていた。ただし、この時期の海洋堂は大して儲かっていない。大量生産されるプラモデルと比べて、レジン製のガレージキットはバイトの学生含めて十数人で、タイ焼きを焼くように一つ一つ製造していたわけで、成形不良品もけっこう出るから歩留まりはきわめて悪い。その証拠に、この時期の海洋堂は給料の遅配もあった。

僕ら夏休みのバイトは単価が安いせいもあって時給分だけはちゃんともらえたが、社員は給料日の支払いが結構遅れたりすることがあったらしい。

給料日には兄ちゃんから直接お金の入った茶封筒を受け取るのだが、バイト代が入った封筒を持ってウキウキしていると、背後から田熊君がスッと寄ってきて、耳元で「ええな、バイトは。社員はまだ全額貰ってへんのやで」と下手な関西弁で呟くのだ。北関東から夢を抱いて海洋堂に入社したのはいいが、大阪郊外の辺鄙な場所にあるホビー館二階のタコ部屋に住まわされて、安月給でこき使われていたこの時期の田熊勝夫には、本気で同情したものだ。

それくらい儲かってはいなかったが、何となくガレージキットには追い風が吹いている印象があった。誰もが、始まったばかりのムーブメントに期待していたのだと思う。

海洋堂以外のガレージキットメーカーにもイケイケな印象があった。ゼネラルプロダクツことゼネプロは、八五年に大小のガレージキットメーカーを集めてワンダーフェスティバルを開始する。ゼネプロの凄いところは、ガレージキット誕生から二年目くらいの段階で、商品を売る製造元から、業界そのものをプロデュースするスタンスに舵を切ったことだ。とにかく、誰も大して儲かっていないのに、勢いは加速していた。

海洋堂とは因縁の深いボークスは、この時点で京都を中心に複数の店舗を展開。自社で育てた原型師を擁して、彼らを中心に造形村を作ろうとしていた。

造形村というコンセプト自体、模型梁山泊と称する海洋堂の影響が大きいと思う。原型師の引き抜きがあったくらいだから、海洋堂への対抗意識は強かったのだろう。

それ以外にも、各地の模型屋が、常連の客が作った原型をガレージキットとしてリリースし、メーカーになろうとしていた。

彼らのサクセスモデルは海洋堂だった。海洋堂本体は社員の給料を払うのに苦労するほど儲かってはいなかったのだが、この時期の海洋堂は、はたから見ると、とにかく業界を席巻しているように見えていたのだった。

兄ちゃんが、よくぼやいていたものだ。

「ウチはこんなに貧乏やのに、みんなウチが儲かっていると思うとる」

その証拠に、伊丹十三の映画『マルサの女』が公開された直後に、本物のマルサ（国税局査察部）が、海洋堂に来たことがある。税務署から強面な人らがやってきて、海洋堂の経理を徹底的に調べたのだ。

マルサの税務署員は、居合わせた一人の社員に質問した。メガネをかけた、神経質そうな男である。

「君は給料をいくらもらっているのだね？」

「え？　よう知りません」

質問した相手が悪かった。

その男、ボーさんは、本当に自分の給料がいくらか知らなかったのだ。マルサの人は相当面食らったらしい。

そういえば、この頃のボーさんが僕につぶやいた言葉を覚えている。

「あのな、俺の親は、俺がここで働いてることは知ってるけど、何をやってるのかは全然知らんのや」

折しも、美少女フィギュアの太ももにペーパーがけしながらの発言だった。僕は、思わずこう言った。

「正直に言うたらええやん、女の子の人形作ってます、て」

「アホか、んなこと言わへんわ！」繰り返すが、この人は後に世界的アーティストと呼ばれるようになるのだ。

マルサは来たものの、経理上の不備はなく、すごすご帰っていったらしい。給料の遅配が日常的にあったにもかかわらず、事情を知らないマルサが襲来するほど、当時の海洋堂はイケイケで儲かっているように見えたのだ。

そういえば、この頃、海洋堂とは逆方向となる大阪南部、今東光(こんとうこう)原作で勝新太郎(かつしんたろう)主演の映画『悪名』で有名な八尾(やお)市に、ほびっとという模型店ができた。もちろん、『指輪物語』(ロード・オブ・ザ・リングス)のホビットから取った店名だ。

ほびっとは『ホビージャパン』の広告で「オリジナルガレージキット、エイリアン・チェストバスター」という宣伝を打って、業界に登場した。

行ってみると、真新しい模型屋に、広島弁でイケイケの店長＝社長がおり、地元の客が原型を製作したチェストバスターのキットを売っていた（チェストバスターは、映画『エイリアン』に登場するエイリアンの幼体だ。海外の作品だから、もちろん版権は取っていなかったはずだ）。

この頃、チェストバスターのキットは土筆（つくし）レジンというシリコンやレジンの製造元が発売していたが、三十代の半ばに見える社長は鼻息も荒く「土筆レジンのよりウチのチェストバスターのほうが良うできとるやろ！」と自信満々だった。その時点でまだ、開店して数か月だったと思うが、すでに常連の客がついており、ウィンドウには客の作ったゴジラなどが陳列されていた。色んなメーカーの商品を扱っており、塗料なども安かったので、僕自身もほびっとには通うようになったが、いつ行っても常連が集まって夜遅くまで模型談義に花を咲かせていた。まるで、プチ海洋堂である。

そんな光景は、日本中あちこちの模型店で繰り広げられていたのだと思う。

ほびっとの社長は明確に海洋堂を目標にしていたし、それらしいことを口にしていた。常連客の作った原型をキット化して、街の模型屋からガレージキットメーカーへという野心の塊のような人だった。

だがしかし、ガレージキットメーカーの設立にはある程度のレベルの作品を続けて作れる優秀な原型師が必要だ。社長は常連客の中から原型師が出てくるのを期待していたようだが、残念ながらそれだけの腕の持ち主は八尾にはいなかったようだ。

ほびっとは、その後、マーメイドやイノウエアーツといった既存のガレージキットメーカーと提携し、ガレージキットの製造に足を踏み入れるが、その頃には開店当時にいた常連客たちの姿は消えていた。

社長は模型屋としての才覚はあったようで、一時期は八尾市に二店舗、大阪の中心地・梅田(うめだ)にも店舗を構え、店名をカタカナのホビットに変えて東京は新宿にまで進出した。

九〇年代初頭にはパラダイスという自社ブランドを立ち上げ、イノウエアーツの作品をソフトビニールでリリース。井上氏を師と仰ぐ原型師が数人集まって、大型のキットを複数発売する。だが、その頃からイノウエアーツの代表、井上氏が作品を作らなくなった。

ホビットではガメラの版権を取得して、井上氏に原型製作を依頼していたが、何時まで経っても井上ガメラは完成せず（いったんは作った粘土原型に納得がいかず、自らの手で壊したという）、版権が切れる直前に、別の原型師が代打のような形でガメラを作った。

井上氏の活動が止まると同時に、他の原型師たちも離れてゆき、メーカーとしての活動は短期間で止まってしまう。

模型店としては長く営業を続けていたが、数年前に倒産し、東京・大阪に複数あった店舗もすべてなくなった。結局、第二の海洋堂にはなれなかったわけだ。

一九八四年当時、日本中にガレージキットの原型師を目指す若者が大勢いて、ガレージキットメーカーになりたい模型屋さんが何軒もあったことは記憶しておきたい。

フルスクラッチで出来の良い作品を作れる若者が世に出る方法には二つあって、自作の写真を模型雑誌に投稿するか、ガレージキットメーカーに直接持ち込むかだ。海洋堂やボークスはコンテストの主催もやっていたから、そこが登竜門になる場合もある。初期の海洋堂にあれだけ優秀なモデラーが集っていたのは、館長と兄ちゃんの宮脇親子がホビー館という場を長年かけて育んできたからだが、半分は運もあると思う。ガレージキット誕生前の時点で、今池、ボーメ、安良、荒木といった後の原型師たちが客として日常的に出入りしていたのには、運命的なものを感じる。

そして海洋堂には、日本各地から新たな才能が集いつつあった。

僕が海洋堂に出入りし始めた頃、恐竜を持ち込んで、すぐに原型師として採用されたのが山下信一だった。

兄ちゃんから、モドキと同じ芸大の学生で恐竜作る奴が来よった、と聞いて、間なしに、僕は山下と出会った。当時の彼は九州出身で大阪芸術大学の美術科の一回生、要するに大阪の大学に進学したついでに海洋堂に自作を持ち込んだのだ。

ヒョロリとした痩身で浅黒い顔が、ちょっと、ミュージシャンのプリンスに似ていた。海洋堂スタッフでは量産のキッさんがまたプリンスに似ていたので、誰かが冗談でキッさんの弟違うか？ と言ったけれど、山口出身のキッさんは即座に否定した。キッさんも浅黒い顔だったけど、どちらかというとシン・リジィのフィル・ライノットに似ていた。

「はい、お前ら同じ学校やから仲良うしなさい」と言われて、山下と初対面した時のことは忘れられない。

原形室にて
山下信一とアパトサウルス

彼が「テノントサウルスVSディノニクス」という大作を完成させたばかりで、これは大型の草食恐竜に五頭の小型の肉食恐竜が襲いかかっているという凄まじい構図の傑作だったが、キットにするためいったんバラバラにしたパーツを組み立てる際に、どうやって組み立てたらよいのか山下本人も良くわからなくなったのだ。

一頭のディノニクスはテノントサウルスに踏みつけられて潰れており、もう一頭は真正面からテノントサウルスを睨みつけている。この二頭は問題なかった。

問題は後の三頭で、複雑なポージングでテノントサウルスの体に飛びついて、しがみついている。どのディノニクスをどのような姿勢でテノントサウルスの巨体に貼り付けるのか、山下に尋ねても、「こうだったような気がするんですが」と自信なさげなのだ。

二人して、ああでもないこうでもないと弄っている途中で、ディノニクスの足がもげたりして、それをまた接着剤で貼り合わせようとしたら、接着剤が漏れて指に貼り付いたりもして、作業は混乱をきわめ、兄ちゃんから「お前ら、何をきゃあきゃあ言うとるねん」と小言を喰らった。

数時間かけて何とか完成した「テノントサウルスVSディノニクス」は、当時海洋堂が出していた同人誌『アートプラ』の表紙に使われた。

山下は最初からめちゃくちゃ上手かったのと、作品の個性がまた強烈だったので、海洋堂からは大きな期待を寄せられていたと思う。

それまで海洋堂にいた人間は皆、基本的に、ウルトラマンやゴジラといった国産特撮のファンだった。だが、山下は違った。山下はエイリアンのような洋物SFX作品が好きで、本人も特殊メイクを手がけていた。本来が美術畑ということもあり、H・R・ギーガーの影響を受けた彼の造形品はどれも粘着質というか、恐竜を作らせてもクリーチャーぽかった。

新しい世代の原型師が登場したという感があった。

ただし山下は、洋物クリーチャー路線を愛するあまり、国産特撮をちょっとバカにしたような態度をとることがあって、それで周りの人間からは浮いていた。

兄ちゃんが僕に彼と仲良くするよう命じたのは、山下が他の人間から浮くことを心配していたのかもしれない。

もちろん、同じ大学だから学内で顔を合わすこともたびたびあり、親しくはしていたが、後に僕が海洋堂を辞めてしまうと、その少し後で、山下も海洋堂から離れてしまった。僕が消えて、海洋堂内での話し相手がいなくなったのではないかと思う。そういう意味で、彼には悪いことをした。

とはいいながら、山下が海洋堂に与えたインパクトは大きかった。

八〇年代半ばといえば、レンタルビデオの普及と並行して、特殊メイクを使ったスプラッタームービーとSFXの人気が爆発した時代だ。

『VZONE』という特殊メイクとホラー映画の雑誌が創刊され、特殊メイクとクリーチャーに対する興味は高まっていた。その反面、クリーチャータイプの造形ができる人材は、まだ国内に何人もいなかった。

独学でそういうセンスを磨いた山下の才能は恐るべきものだと思ったし、皆も、それを認めていた。

海洋堂的にも、山下の登場はありがたいものだったといえる。恐竜造形が評価されたことで海外での海洋堂の知名度は上がりつつあったし、この頃、五十代に突入していた館長が、生まれて初めてアメリカに渡航して、向こうでの友人・知人を増やしていたからだ。

有名なところでは、ドン・グルート（ドナルド・F・グルート）がいる。グルートはアメリカでは有名な恐竜マニアであり、モンスター映画のコレクターでもあり、そして『スター・ウォーズ帝国の逆襲』のノベライズの著者でもある。

館長はアメリカに行くと、海洋堂の恐竜キットの完成品を手土産にグルートのもとを訪れ、友人になってしまった。

グルートのコネクションにより、館長のアメリカでの交友はさらに広まった。『グレムリン』や『ザ・フライ』で有名な特殊メイクアーティスト、クリス・ウェイラスも、海洋堂の魅力に惹かれた一人だ。

『ザ・フライ』の成功で名を上げた時期で、クリス・ウェイラスは、館長への友情の証として、なんと『ザ・フライ』の撮影に使ったフォームラバー製モデルを寄贈してくれたのだ。映画のクライマックスで主演のジェフ・ゴールドブラムが変身する、あのクリーチャーである。海洋堂スタッフによって、このモデルに合わせたポッドが制作され、渋谷のホビーロビーで劇中の名場面を再現する形で飾られていた。

しかもクリスは、クリーチャーの試作モデルまで館長にプレゼントしてくれた。これは少数だが、量産工房で複製され、商品として世に出た。正真正銘の撮影用レプリカモデルだ。

一時期は、館長がアメリカに行くたびに、この手の宝物が増えていった。

クリスへの友情に応える形で、山下の手によって、フライのモデルが作られた。山下の粘着質な造形タッチは、ネトネトしたフライの質感にピッタリだったのだ。山下は、クリスが造形した『第5惑星』のエイリアンも担当した。ちょっと猿を思わせる造形の宇宙人で、これもまた絶品だった。

『ハウリング』や『狼男アメリカン』で革新的な狼男像を作り上げ、『グレイストーク─類人猿の王者─ターザンの伝説』では見事なゴリラのスーツを造形した特殊メイクマン、リック・ベイカーを尊敬していたので、山下は、猿をはじめとする多毛の哺乳類的な造形なら群を抜いて上手かったのである。山下は、リック・ベイカーにオマージュを捧げた狼男のキットも製作したが、流れるような毛の表現が見事だった。

僕の実家には、山下からもらったミニサイズのチンパンジーの頭部模型の石膏型がまだある。親指くらいの大きさだが、これがもう凄い出来で、もしも山下が特殊メイクの道に進んでいたら、今頃は何か一緒に仕事できたかもしれないとも思う。

クリスと館長の交友関係は続き、後には『グレムリン』の撮影モデルまで寄贈してくれて、これも正式に海洋堂の商品として発売された。もしかしたら、クリスのコネクションから、山下がアメリカに渡り、向こうで特殊メイクアーティストになるという未来もありえたかもしれない。海洋堂を離れた後、山下は作風を変えて、人形を使ったアート作品で有名になった。ある意味、海洋堂出身で最初にアーティストの称号を手に入れたのは山下だったと言える。

ともあれ、山下の参加は海外での評価を重要視する館長としては大歓迎だったようだ。一時期は、洋物系クリーチャーといえば山下信一という印象があった。

山下の参加は、新しい世代が育ちつつあることを実感させた。

しばらくして、新しいバイトが二人入ってきた。僕のように常連客からスタッフになったのではなく、アルバイト情報誌の求人広告で入ってきたのである。

この二人、村上と高木は、山下と同世代で、セリカさんに怒鳴られたりしつつも、海洋堂に馴染んでいった。

馴染むということは、仕事が終わってからもホビー館に残って模型を作るということだ。皆と一緒になって、キットにペーパーがけをしたり、粘土をこねたりする彼らを見て、シゲちゃんが言ったものだ。

「ホンマにうちの連中は、このあいだ入ったばかりのバイトが、当たり前のようにファンドこねてるんだから……」

ところが、この入ったばかりのバイトというのが、ただの模型好きではなかったのだ。

ある日、僕が海洋堂に行くと、皆が集まってザワザワしている。

「何があったん？」

覗きこむと、休憩で使うテーブルの上に、実物大の仮面ライダー1号のマスクが置いてある。

しかも、丁寧な塗装が施されており、一目見て物凄い完成度とわかる。

「何このライダーマスク？」

「これな、高木が作ったんやて」

橋さんが言った。

僕は、入ってひと月も経っていないバイトの高木を見た。

「マジ？　お前が作ったんかぁ！」

「はい、ポリパテで」

「いや、材料を聞いてるんと違うわ」

実はそのライダーマスク、その少し前に発売された『B-club』で、読者からの投稿として紹介されたものだった。あまりにも完成度が高いので、通常の読者投稿頁ではなく、特別にカラーグラビアで扱われていた。それを作ったのが目の前にいる高木だとしたら、とんでもない実力の持ち主である。

求人広告ではなく、このライダーマスクを持って海洋堂にやってきたら、面接なしの一発合格だったと思うのだが、高木はそれをしなかった。不思議な男である。ライダーマスクを持ってきたのも、バイトを始めてようやく仲間に馴染んできてからだった。

仮面ライダーのマスクは、当時、ソフトビニール製のものがゼネプロから発売されていたが、高木が作ったものは、それよりも完成度が高かった。塗装も、本物以上に綺麗に塗り分けられている。

「これ、シリコンで抜いてキットにしたら、ゼネプロのより売れるんと違うか?」という声もあったが、造形にうるさい量産部の橋さんがそれを止めた。

「いや、型取りしたら塗装が剝げる。こんなに綺麗に仕上げてあるのに、荒らすのはもったいない」

橋さんは、惚れ惚れとした目でマスクを見つめていた。

高木自身はマスクのような大型造形が得意だったようで、原型師として作品を発表することはなく、数年いて海洋堂を去ったが、造形の腕は確かだった。それだけの力量の持ち主が集ってくる磁場のようなものが、当時の海洋堂にはあったのだろう。

もう一人のバイト、村上甲子夫もファンドをこねて『ジョジョの奇妙な冒険』のフィギュアを作ったり、田熊君が小比類巻名義で製作した『機甲界ガリアン』のフィギュアをポーズ改造したりしていたが、模型の腕は普通だった。

村上は一九九〇年代の初頭、結婚を機にいったんは海洋堂を離れたのだが、しかしながら数年後に舞い戻り、チョコエッグの企画をスタートする際には中国へ渡って重要な仕事を成し遂げたのだから、やはり只者(ただもの)ではなかった。村上が中国へ行くと、専務やシゲちゃん以上にVIP扱いされるという。

そして、もう一人、新たな世代を代表する男が現われる。

ある時、海洋堂に行くと、皆が騒いでいた。さっきから同じようなことを言っているけれど、とにかく、よくできた模型を見ると騒ぐのが、海洋堂の連中なのである（それ以外でもすぐ騒ぐけど）。

地方のモデラーが、『キングコング対ゴジラ』のディフォルメモデルを送ってきたのだった。

ディフォルメモデルというのは、ゴジラやガメラをマスコットサイズにカリカチュアした物で、手のひらに乗るくらい小さいから、安くて、それなりに売れた。高価なリアルモデルだけでは数が出ないから、ディフォルメモデルは海洋堂の重要な商品だった。なかでもセリカが作ったディフォルメ「キンゴジ」（『キングコング対ゴジラ』に登場するゴジラ）は、初期海洋堂のロングセラー商品だった。ディフォルメフィギュアは小さいこともあり、漫画チックに表現され、怪獣の皮膚表現などはリアルなものではなかった。

だがしかし、この島根のモデラーが送ってきたキングコングとゴジラの二体は違った。リアルモデルと見紛うような精密な皮膚表現をしつつ、コミカルな二頭身の模型に仕上げている。誰が見ても、今までのディフォルメモデルとは水準が違う。手のひらに乗るほどの小さな模型が、この海洋堂に、ささやかなイノベーションをもたらしたのを実感した。

「これは、エラいことやで」

ボーさんがつぶやいた。

これだけの作品をいきなり送ってきたのは何者か？　その時点でわかっていたことは、島根県在住であること、山下信一や高木らと同い年らしいこと、実家がお好み焼き屋であること、そして、顔がムーミンに似ているらしいこと、だった。

謎の若者には、その場で「お好みムーミン」というコードネームがつけられた。海洋堂はこの未知の新人、「お好みムーミン」をプロ野球のドラフトよろしく入社させることにした。

我々は、「お好みムーミン」がどんな青年かと想像した。まだ見ぬ強豪とでもいうか、あれだけの作品を作るのだから、それはもう、凄い奴に違いないと思ってしまうのである。これは人間の心理なのでしょうがない。周りを見ると、物凄い模型を作っているにもかかわらず、全然凄くは見えない人のほうが多かったのだけれど。

もう一つ、我々が気になったのは、お好み焼き屋の息子ということだった。島根にもお好み焼きがあるなんて、知らなかったのだ。広島に大阪とは違うタイプのお好み焼きがあるらしいのは知っていたので、気になったのは、その島根のお好み焼きが大阪式なのか広島式なのかという点である。我々はお好み焼きが大好きなので、こういうことが気になるのだ。中国地方といえば、山口出身のキッさんがいたのだが、キッさんに聞いてもよく覚えていないという。

そしてついに大阪にやってきた「お好みムーミン」こと片山浩（かたやまひろし）は、ほっぺの赤い好青年だった。

ムーミンに似ていなくもないけれど、顔立ちは整っており、よく見ると二枚目である。ただ、頬が赤いので、なんとなく田舎者な印象を与える。あと、訛りが強かった。同じ中国地方出身とはいえ、大阪の大学に四年いたキッさんとは全然違うイントネーションだ。喋り方自体がホッコリしているので、とにかく田舎の好青年としか言いようがない。大学でもこれほど田舎っぽい新入生を見たことはなかった。

二階に個室をあてがわれ、住み込みで仕事を始めた片山は、その田舎者っぽさが可愛がられて、あっという間に、クセの強い海洋堂の連中に受け入れられた。島根より遠い佐賀から来たものの、大学の寮に住んで、海洋堂の連中よりも小洒落た格好をしていた山下とは状況がかなり違った。

片山は、アニメ化もあって当時めちゃくちゃに売れていた少年ジャンプ連載の漫画『北斗の拳』のフィギュアで颯爽とガレージキット業界にデビューする。

海洋堂で得た技術もあるだろうが、片山もまた、最初っから、見る者を圧倒するだけの造形力を持っていた。才能というしかない。

片山が登場したあたりから、海洋堂の活動も新たなゾーンに突入しつつあった。

兄ちゃんがセンムと呼ばれるようになったのも、この頃だと思う。

それよりも前に海洋堂は株式会社になっていたが、我々は相変わらず兄ちゃんと呼んでいた。それに異を唱えたのがシゲちゃんだった。

「いつまでも兄ちゃんと呼んでる場合やない。これからは、兄ちゃんと呼ぶのはやめて専務と呼ぶべきだ」

館長は社長だけど館長のまま、兄ちゃんは専務なのでセンム、オバちゃんは常務と呼ぶことになった。そして、底意地の悪いシゲちゃんの提案で、センムのことを兄ちゃんと呼んでしまった者は一回につき罰金十円を、原型室にある募金箱に入れることになった。

その結果、一番多く罰金を払うことになったのが、言い出しっぺのシゲちゃんだったのだから笑ってしまう。

言い間違えを指摘されると、シゲちゃんはムキになって、「兄ちゃん兄ちゃん兄ちゃん兄ちゃん」と合計一〇回言って、募金箱に一〇回分の百円玉を入れるのだった。

7
ライフサイズ

昭和二十九年制作の初代『ゴジラ』は、翌年には再編集版がアメリカでも公開されて、多額の外貨を稼いでいたという歴史があるから、海外には古くからの日本特撮映画ファンが数多くいた。ゴジラと特技監督・円谷英二の名前は世界に知れ渡っていたのだ。

雑魚寝のタコ部屋とはいえ、海洋堂には宿泊できるスペースがあったので、他の地方の関係者が海洋堂を訪問した際には、二階のタコ部屋に泊まってゆくこともあった。この頃には海外からわざわざ海洋堂を訪れるマニアもおり、ロクに日本語を話せないのに何日か滞在していくこともあった。そんなアメリカからの客が来ていた際、ちょっとした会話で僕が受け答えしたことがあって、それは本当に中学生レベルの英会話だったのだが、横にいた仲間たちは大げさに驚き、モドキは見かけによらず英語ができると言われた。

基本的に郊外の模型屋である。皆、模型に関する知識は豊富で、口も達者な奴が多かったが、インテリは少なかった。一番多かったのはバイク乗りである。明確にインテリと目されていたのはシゲちゃんで、だからこそ館長から広告の仕事をすべて任されていた。逆に言うと、海洋堂の文芸方面の仕事はシゲちゃん一人に集中していたので、雑誌の広告締め切りの際には、彼が一番忙しかった。

シゲちゃん以外でインテリというと、今池さんだが、本職があるので、造形以外にはタッチしない。医大生だった銀ヘルも勉強はできたはずだが、学業が忙しいようであまり手伝いはしない。ダベリに来るだけだ。後は英語担当のヤマもっちんだが、彼もある意味、遊撃部隊だったので、フルタイムで海洋堂にいるわけではなかった。

そこで、下っ端のモドキだ。模型を作っていない時は本ばかり読んでいるし、思ったより英語もできるようだし、何よりも現役の学生なんだから、ということでセンムは僕にシゲちゃんの手伝いをやらせようと判断したらしい。

「モドキ、試しにお前、来月の『B-club』の広告やってみ」

実は、センムからこう言われるのを待っていたのだ。まだ自分でもフルスクラッチはやっていたが、なかなか上手くならないし、周りは上手い奴ばかりだ。それに山下や片山など、僕よりも年下で天才肌の造形家も出てきた。

彼らは最初から上手かったくせに、作っているウチにさらに上達してゆくのだから勝てるわけがない。誠に、才能は不公平なものである。

どうやら、僕は原型師にはなれないらしい。だとしたら、僕にできることは何か？

文章は書ける自信があった。子供の頃から本の虫だったし、十九の時に書いた小説を中間小説誌の新人賞に応募して、第一次選考を通過した経験もあった。

糸井重里（いといしげさと）や林真理子（はやしまりこ）の登場によってコピーライターがもてはやされていた時代で、俺もひとつコピーとか書いてみるか、みたいな野心があったので、海洋堂の広告をやってみたいとは、早い段階から思っていたのだ。それに、模型雑誌が増えてシゲちゃんが広告に忙殺されていることもわかっていたから、センムにこの話を振られたときは二つ返事で引き受けた。もっとも、センムの口から直接やれと言われた段階で、断るという選択肢はなかった。「お前がやれ」と言われたらやるしかないのが海洋堂だ。

メインの広告媒体である『ホビージャパン』と『モデルグラフィックス』はシゲちゃんが続けてやるとして、新規に増えた『B-club』を僕に任せようというのがセンムの考えだった。

その月のメインは、『北斗の拳』シリーズを連作していた片山の新作「ラオウ・黒王号セット」だった。『北斗の拳』の敵役ラオウが愛馬にまたがっている作品で、当初は定価五〇〇〇円で発売する予定だったが、作っているうちに黒王号がどんどん大きくなり、最終的に一万五〇〇〇円で発売することになった。

片山の作品は人気が高かったので、値段が上がってもけっこう売れるはずだった。僕も、片山とはやたら気が合っていたので、彼の新作を世に出す手伝いができるのは嬉しかった。

そこで、張り切って、シゲちゃんに広告作りのノウハウを聞いてみた。

「この紙に、直接書き込むんや。写真の位置とかもわかるように、簡単なイラストで示して、文字とかも大きくしたいのは大きく書いて、そしたら印刷屋さんがそのように作ってくれるから」

イラスト？

今からは信じられないことだが、版下を作る前の段階を、シゲちゃんは手描きで作って印刷屋に渡していた。もともと器用な人なので、写真をレイアウトする部分には写真に近いイラストを描き、テキストも手書きで書き込んでいた。派手な書体が必要な時は、鉛筆書きでラフなレタリングを描く。

これは困った。

文章にはそれなりの自信があったけれど、僕は、絵が異常にヘタクソなので、商品写真のレイアウト位置をイラストで指定するなどというのは至難の業に思えた。基本的なことは教えてくれたものの、シゲちゃんは自分も忙しいから、それ以上のことは何も言ってくれない。

しかし、いったん引き受けたことを、後になってやっぱりできませんでしたでは済まされないのが海洋堂である。

やるしかない。

とりあえず白紙に、メインであるラオウと黒王号を描いてみた。自分で見ても嫌になるくらいヘタクソな絵だったので、すぐに消しゴムをかけた。こんな絵で、変な広告を出してしまったら、頑張って原型を作った片山に申し訳が立たないではないか。何とかせねばならない。考えた末に僕は、天啓を得た。

「絵が描けないのなら、描ける奴を呼んできて描かせればいいのよ！」

僕はこの作戦に、脳内でマリー・アントワネット・プロジェクトと名付けた。別に意味はない。ベルばら（漫画『ベルサイユのばら』）の愛読者だっただけだ。

というわけで、原型室を覗くと、ちょうど田熊君が暇そうにしていた。片山に頼むのは気が引けるし、ボーさんは一応年長者だし、今池さんに頼んだら即座に断られそうな気がしたので、ちょっとだけ年下の田熊君がベストだったのである。本人は、作りかけの原型の粘土が乾くのを待っていただけで、別に暇を持て余しているわけではなかったが、こっちは必死である。

「ごめん、ちょっとこの紙のこの位置に、黒王号とラオウの絵、描いてくれる？」

なんだか面倒くさそうにしていた田熊君だったが、強引に絵を描いてもらった。というか無理矢理描かせた。

できあがったイラストは……あんまり上手ではなかった。よく考えたら、美大生のデッサン練習にも使われるくらいだから、馬みたいな動物は難しいのだ。しかも、そこに人が乗っている。いきなり描けと言われて、ちゃんとした絵が描けるわけがない。ただ、緻密なデザイン画を起こしてから原型を作る荒木さんがいたために、絵が描けず原型師でもない僕は、原型師なら絵が上手いはずと思い込んでいたのだった。なんとも微妙な人馬の絵を見て、僕は思わず言ってしまった。

「ごめん、原型師やから絵も上手いと思ってた！」

言葉の上では謝っているようだけれど、よく考えたら凄く失礼なことを言ってしまったわけで、田熊君はちょっと傷ついたような顔をした。今思うと、悪いことをしたなと思うのだが、こっちも余裕がなかったのだ。もしもあの時のことを田熊君が覚えているのなら、今からでも謝罪したい気分である。

原型師に描いてもらった物をボツにするわけにもいかないので、田熊君の描いてくれたイラストの上に、悪戦苦闘して、手描きのレタリングや宣伝文句を書き込んだ。

戻ってきた版下は、僕のデザインを最大限に生かしてくれてはいたものの、自分が思っていたものとは、やはり微妙に違っていた。イラストで指示した部分に写真をレイアウトしてくれるのだが、よほど写真と同じようなイラストを描き込まないことには、こちらの意図通りには仕上がらないのだと思った。

コピーや宣伝文句に関しては、大して苦労は感じなかった。軽薄短小が売りの八〇年代だったから、ガレージキットの宣伝ももっとコピーライターっぽく軽くてナウいものにしてやろうと、せっせとそういうコピーを書いただけだ。

レイアウトに関して、シゲちゃんはどうやっているのだろう？　と思ったが、この人は自分が書いたのを見せてくれないのだ。

僕自身は今ひとつ納得できなかったものの、僕が作った初の広告はダメとは言われなかった。センムの反応も、失敗したらどうしようかと思ってたけどモドキもそれなりにやるやんか――という感じだった。一応は合格という感じで、シゲちゃんと僕が海洋堂文芸部というようなことになった。

何度かやるうちに、それなりにコツはつかめた。ヘタでもいいから、レイアウトの場所がわかるように指示を出せばいいのだ。そして僕は、必殺技を発見する。

コピー機である。商品の写真を拡大または縮小コピーして、貼ればいいのだ。これで、かなり自分の思い通りのレイアウトに落とし込める。

とはいえ、コピーライター兼デザイナーというのは当時の僕には荷が重かったようで、最終的にはそのことが原因で音を上げ、僕は海洋堂を去ることになる。だが、それまでには、まだまだいろんな出来事があった。

一人の才能が、ジャンルを進歩させることがある。きっかけは、平岡(ひらおか)としえさんという女性の原型師だった。

一九八四年にこの人が作った『ダイナマン』の女性キャラ、キメラの超リアルなフィギュアは、生身の人間そっくりだった。

ガレージキットのフィギュアといえば、怪獣やロボットがメインで、生身の人間を造形する人はあまりいなかった時代である。強いて言えば、初期から凄腕だった今池さんが『ウルトラQ』の一ノ谷博士を作ったり、『仮面の忍者赤影』を作ったりしたぐらいだろうか。

短い期間しか活躍しなかった平岡さんだが、ガレージキットにおけるリアル表現を一歩前に進めた存在だった。

大林宣彦監督の映画『さびしんぼう』は一九八五年公開。八三年に原田知世主演で公開されて大ヒットを飛ばした『時をかける少女』に続く、尾道三部作の掉尾を飾る作品だ。

この映画の主要キャラ（富田靖子演じるさびしんぼう）を平岡さんが造形したのだが、これが海洋堂に新たな展開を呼んだ。

さびしんぼうは、映画を観てエラく気に入ってしまったセンムが平岡さんに作らせたのだが、これがもう凄い出来で本物そっくり。平岡さんは富田靖子が一人二役を演じた橘百合子も造形し、両者が商品化された。

正式な発売はされなかったものの、同じ大林監督の尾道三部作からは、『時をかける少女』の原田知世演じる芳山和子も造形されていた。

なにしろセンムが気に入っていたので、一時期は原型室に何体ものさびしんぼうが並んでいた。重要なキットは完成品として各所に配るので、手の空いたスタッフが何体も組み立てるのだ。仕上げの塗装はセンムがメインで塗る。気合が入っていたので、最終的に何体のさびしんぼうを塗ったのか、僕は知らない。

そうやって関係者に配られたさびしんぼうの一体が、大林監督の手に渡ったのだった……。

ある日、誰だったかが、「今度、1分の1やるらしいな」と呟いたのを耳にした。橋さんだったかもしれない。

1分の1というのは、要するに実物大(ライフサイズ)である。

250分の1ゴジラとか4分の1ナウシカとか、いろんな造形物を作ってきた海洋堂だったが、実物大の1分の1モデルは作ったことがないはずだった。

ごく初期に「お面」という形で、実物大のルパン三世や、じゃりン子チエを発売しているが、まったく売れなくて撤退している。特に、一枚も売れなかったという曰くつきのじゃりン子チエの「お面」は、イベントで配ってもまだ余って、倉庫の奥に埋もれていた。

実物大のモデルというのは、当時の海洋堂としては未知への挑戦に近かったのである。

問題は何を作るか、だ。

橋さん自身も、具体的に何を実物大で作るのかは聞いていないようだった。量産の人間が知らないのなら、あの人に聞けばいい。社員じゃないけど、社員よりも海洋堂に詳しい人。

「今池さん、1分の1って、何作るの？」

ちょうど、今池さんは原型室にいた。

「何やと思う？　当ててみ」

「ゴジラでしょ」

もちろん冗談である。ゴジラは身長五〇メートル。尻尾が長いから、実物大で作るとしたら、頭から尻尾の先まで余裕で一〇〇メートルくらいにはなる。

「よし、お前に任せた。場所は確保したるから、1分の1ゴジラ、お前が作れ」

「無理に決まってまんがな」

結局、今池さんはニヤニヤ笑うだけで、僕の疑問には答えてくれなかった。真相を知ったのは数日後だ。

「おいモドキ、お前んとこ、妹おる言うてたな」

「いてますよ」

「妹、コールテンのオーバーオール持ってないか?」

「オーバーオールは持ってたと思うけど、コールテンやったかどうか」

「あったら持って来い」

「それはエエけど、オーバーオールなんか何に使いますの?」

「さびしんぼうに着せるんや」

「さ、さびしんぼう!?」

尾道市の文学記念館からの依頼で、実物大のさびしんぼうフィギュアを作ることになったというのである。

結局、ウチの妹はコールテンのオーバーオールを持っていなかったので、買ってきたと思う。

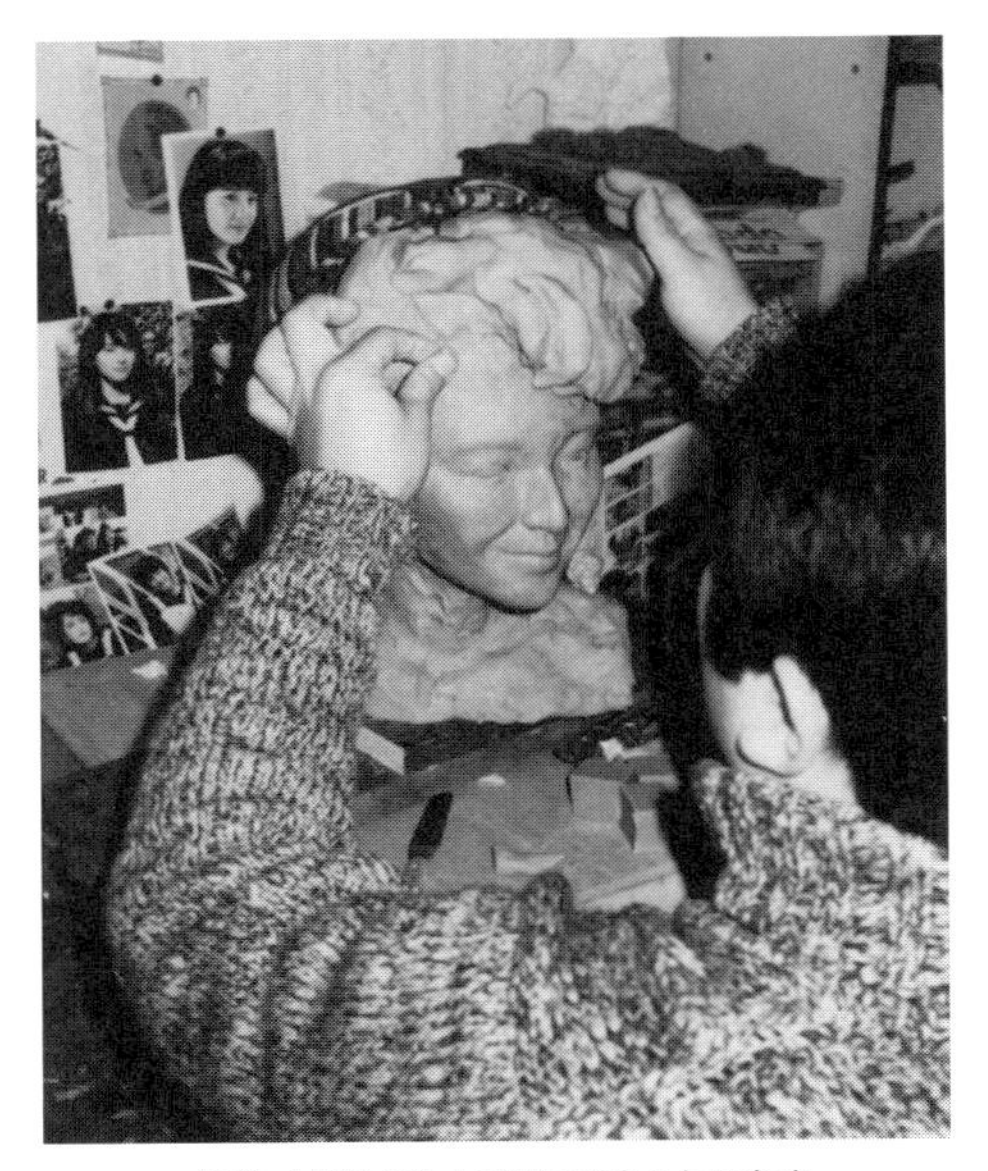

さびしんぼうの粘土原型に手を入れる今池

そして、ばらばらの状態のマネキンやＦＲＰ成形に使うグラスウールが運び込まれた。

量産工房前のテーブルに、何か珍しい布のようなものがあるので触っていたら、商品管理のＡ君が、「お前、それガラスの繊維やから、うかつに触るとチクチクするぞ」と言う。彼の言うとおり、グラスウールに触った手がチクチクと痛痒（いたがゆ）い。

「うわ、何やコレ、マジで痒いわ」

「アホやなお前」と言って笑うＡ君はというと、両手にマネキンの足をはめて遊んでいるのだからアホばっかりだ。模型に対しては真剣だったが、基本的に部活動のノリだったから、常にくだらない会話が飛び交っていた。

その、触ると痒いグラスウールに、液体プラスティック樹脂を染み込ませて硬化させると、適度な弾力を持ちながら強度のあるＦＲＰになる。長期間展示される予定の模型だから、強度を考慮して、サーフボードなどを作るのに使われるＦＲＰの技術を導入したのだった。

さびしんぼうのボディはマネキンをベースに改造、頭部は油粘土で作った原型を石膏で型取りし、ＦＲＰで複製を作る段取りだった。原型室には頭部の粘土原型が置かれ、今池さんらが、少しずつ手を加えて完成させていった。

衣装のオーバーオールも、ＦＲＰを応用した技術で成形された。マネキンを組み合わせ、全体のスタイルを調整した素体（そたい）に、ベンチに座ったポーズをとらせて、コールテンのオーバーオールを着せる。その上で、コールテンの布地に樹脂を染み込ませて固めてしまうのだ。要するに、自然な皺の寄った状態の布をＦＲＰ化させるのだ。

これは、瞬間接着剤を使い慣れている海洋堂ならではの手法だった。瞬間接着剤のラベル裏を見ると、材質はシアノアクリレート樹脂と書かれている。接着剤と言いながら、樹脂＝プラスティックの一種なのだ。なので、瞬間接着剤を紙や布に染み込ませると、化学変化を起こして硬化する。ＦＲＰ成形と同じ現象だ。

僕らは、大瓶の瞬間接着剤を使用するので、よくズボンにこぼしていた。接着剤の量が多いと、急速な化学変化で発熱し、煙が上がることもあり、火傷もする。そして、その部分は化学変化で硬質なプラスティックに変化する。瞬間接着剤だけでなく、量産で使うレジンや無発泡ウレタン樹脂もズボンに落ちる。当然同じ現象で、その部分は布地に染み込んで硬化する。

だから、いつも僕らのジーンズにはカチンカチンに硬くなった痣（あざ）のようなしるしが幾つもついていた。

そんな接着剤まみれの日常を送っていたから、さびしんぼうのオーバーオールも最初は全身に瞬間接着剤を染み込ませるという案があった。瞬間接着剤の単価が高いこともあり、最終的には他の樹脂を使ったのだが、普段から使っている技術を応用して、海洋堂初の実物大模型が作られたわけだ。

完成したさびしんぼうが尾道に送られ、センムは、満面の笑みで主演女優の富田靖子さんと一緒に写真を撮ったりもした。

ついには、大林監督が海洋堂にやってきた。我々スタッフの一人ひとりと握手をしてくれたのだが、よくもまあ、あんな辺鄙な場所に巨匠が来てくれたものだと思う。

1分の1さびしんぼうは、十年以上も記念館に飾られていた。

僕が海洋堂を離れ、十年以上たって東京に来たとき、駅で『さびしんぼう』の主演女優の富田靖子さんとすれ違った。その瞬間、なぜか顔見知りと会ったかのような気になって、僕は立ち止まってしまった。海洋堂の原型室でずっと作りかけのさびしんぼうを見ていたから、なんだか、初対面のような気がしなかったのだ。

広告を手がけるようになってからも、完成品を組み立てる作業は続けていた。その頃には流石に手も早くなり、大抵のものは手早く完成させる自信があった。

「お前、コレ組んどいて」

センムが持ってきたのは、原さんが作った四五センチサイズのモスゴジだった。

四五センチということは、尻尾まで入れると九〇センチ近く、当時の海洋堂としては最大級のモデルである。とはいえ、原型が完成して型どりし、最初に抜けた状態のものを組み立てたのは僕だったから、組立の要領はわかっている。何も問題はないはずだった。

「はいよ」と受け取って、机の上に部品を並べる僕に、センムは言った。

「今、量産でいっぱい抜いてるから、抜けたら持ってきて、あと五つくらい組んどけ」

「え！　五つ」

「イベントでずらっと並べるから」

「それ、いつまでに五つ？」

「大至急」

それだけ言って、センムは店へ出ていった。反論の余地なし。

巨大モデルである。しかも、中身が詰まった樹脂の塊だから、異様に重い。原さんの造形は、リアルだから、背ビレの部分などを持つとザラザラして指が痛い。それに初期のガレージキットだから、パーツのズレや大きなバリもあり、慣れている人間でも組立には半日以上かかる代物だ。

とはいえ、上司の命令なので、やるしかない。

普段、同じキットを一度に複数組み立てる際には、全部を机に並べて一斉にやるのだけれど、モノが大きいからそういうわけにもいかない。それに、重い塊を接着するので、瞬間接着剤で貼りつけただけでは強度に問題があり、接着面に穴を開けて針金を通す必要もあった。その穴を開ける部分も、正確にやらないとずれが生じる。

一体仕上げて、量産から新たに抜けたパーツを貰ってきて、二体目を組みはじめる。ゴム型から出したばかりのキットは、まだほんのりと温かかった。

「？」

ゴジラの背中を指で押すと、ペコッと凹んでしまった。

樹脂が全部流れ込まず、中に巨大な空洞ができていたのだ。いわゆる不良成形品だ。売り物にはならないが、これ不良品だから組み立てられません、というわけにはいかない。

空洞を埋めるためにポリパテを探したが、ない。

そのかわり、瞬間接着剤は大量にあった。僕はトイレに行ってトイレットペーパーを持ち出し、ゴジラの背中に開いた巨大な空洞に、千切ったペーパーを詰め込んだ。そして、ペーパーに染みこむように、瞬間接着剤を流し込む。ジュッ！　と音を立てて煙が上がり、トイレットペーパーはFRP化した。一度にやると発熱で樹脂が焦げてしまうので、何度かに分けて、無事、空洞を埋めた。

そうやって、何体ものゴジラを組み立てる。一日で終わるわけはないので、翌日も同じ作業を繰り返した。

原さんは、当時の海洋堂が一押ししていた原型師だ。小ぶりの作品を得意とする原さんの巨大作品ということで、イベントにズラリと並んだ巨大モスゴジを展示してお客さんを驚かせようという企画だった。

最終的には、七体のモスゴジを組み立てた。途中、僕の顔を見た橋さんが、「お前、ここ数日ずっとそれだけ組み立ててるな」と言った。

「もうね、コレの専門家ですわ。たぶん原さんより組み立てるの早いで」

「それ組むだけで金儲かるんやったらエエねんけどな」

「それなら一生、これだけ組んでるわ」

くだらない会話をしているうちに、館長がやってきた。

「おう、モドキ！　アメリカ持って行くから、それ用にモスゴジ組んでくれ」

追加注文である。センムよりエラい館長直々の指令なので、もちろん否はない。

「館長、でもこれ、めちゃくちゃ重いですよ。誰が運びますのん」

「今度のアメリカ行きは、山本も連れていくから大丈夫や」

山本拓哉（やまもとたくや）、通称ヤマもっちんは多才な男で、ペンネームで原型を作ったりもしつつ、『アートプラ』にイラストエッセイを描いたり、説明書を書いたりもしていた。仲間内では英語もできるほうなので、館長のアメリカ渡航のお供に選ばれたらしい。

僕は、このクソ重いゴジラを運ばされるヤマもっちんに同情を感じつつ、モスゴジの背びれを削りはじめた。

「あー、そうそうモドキや」

「なんですか？」

「荷物かさばらんように、そのモスゴジ、尻尾だけ取り外せるようにしといてくれ」

そう言って、館長は原型室を出ていった。

残された僕は呆然。ヤマもっちんに同情している場合ではなかった。樹脂の塊であるガレージキットは、通常のプラモデルとは違って、尻尾だけ取り外し式に改造したりするのは骨が折れるのだ。僕は、橋さんに聞いてみた。

「このモスゴジ、尻尾取り外し式にできると思う?」

「お前ならやれる、人に押し付けるなよ。ほな、頑張れ」

人に押し付けるな、とか、要するに「俺は手伝わんからな」ということだ。

仕方なく、量産工房に行って、適当な芯になる棒材を貰ってきた。次に、尻尾と胴体の両方に穴を開けるための印を付ける。

まず、接着面に物差しで線を引き、中心に近い部分を割り出して、そこにリューターで穴を開ける。最初から大きな穴を開けてずれたら大変なので、小さな穴を開けて針金を差し込み、仮り組する。そして、その穴を少しずつ大きく広げて、太い芯を入れる。丸半日かけて、差し込み式で尻尾の取り外しができるように細工をした。

居合わせたヤマもっちんに、「ほら、取り外しできるようにしたで」と言ったら、「こんな重いもん、持たせるつもりか」と言われたので、「知らんがな、後は任せた」と答えておいた。

海洋堂という底なし沼に首までドップリと漬かっていたけれど、気分は悪くなかった。世界に一か所しかないガレージキットの聖地で、原型師ではないけれど、自分にしかできない作業を任されているという気持ちは、一種の宗教体験みたいなものだったと思う。

倉庫を複雑に改造したホビー館がオウムのサティアンに似ていたと書いたが、中身も宗教団体みたいなもんだった。

ただ、僕らには神も仏もなくて、模型だけがあった。そして、そこに魔神がやってきたのだ。

8
魔神と神泉

一九八六年四月のことである。戦前からの歴史がある大映京都撮影所が閉鎖され、新聞などでも話題になった。映画会社としての大映は、映画産業が斜陽になった一九七一年にいったん倒産した後、徳間書店の傘下となって継続していたが、時代劇の名所として知られていた撮影所が、土地売却により終焉を迎える。

この撮影所には、一体の神様が眠っていた。冒頭でも触れたが、昭和四十一年の映画『大魔神』の撮影で使用された、身長五メートルの実物大の大魔神だ。

撮影所を解体するにあたって、問題となったのがこの大魔神だった。大魔神は『大魔神』、『大魔神怒る』、『大魔神の逆襲』と三本の映画に出演した後は、会社の倒産もあってシリーズは打ち切られ、出番もなく、撮影所の片隅で眠っていた。

撮影用の小道具だから、用が無くなれば捨てられてもしょうがないのだが、何しろ五メートルもあるうえに、作り物とはいえ魔神様である。迂闊に捨てたりしたら祟りがあるかもしれない。映画屋は信心深いところがあるので、大魔神を捨てるに捨てられず、保存してきたのだろう。

そこで、海洋堂に打診があったのである。

「大魔神、引き取りませんか？」

大きなことが大好きな館長は、二つ返事で引き受けたらしい。というわけで、幾つかに分解された状態でトラックの荷台に乗って、大魔神が海洋堂にやってきた。埃まみれなのをスタッフで掃除し、腰のバックル部分がボロボロになっていたので、原さんが当時の資料を参考に新たに作り起こした。原さんは、大魔神の原型を作ったことがあったので、お手のものである。

天井の高い倉庫を改造した海洋堂だからこそ、五メートルの大魔神を設置するスペースがあったのだ。店舗の奥、原型室を出たところに設置された大魔神の威容を見上げた時は本気で感激した。子供の頃から怪獣映画が大好きで、一度は実物の着ぐるみに触ってみたいと思っていたのは僕だけではあるまい。スタッフの大半がそうだったはずだ。残念ながら、大阪にいると、東宝のゴジラには触る機会がない。

そこにやってきた本物の大魔神だ。嬉しくて、何度も魔神様の足に触った。今現在は、移転先の本社ビルでガラスケースの中に鎮座している大魔神様だが、その頃は他に置く場所もなかったので、本当に我々の作業スペースのすぐ側に立っていたのだ。仕事場の、ドアを開けたら大魔神、生の大魔神が触り放題という環境は、オタクには夢みたいな話である。ただ、夜遅くになるとちょっと怖かった。トイレに行くにも、魔神様の足元をくぐり抜けてゆくのだが、夜中に見上げると、顔のあたりは暗く陰っていて、異様な迫力がある。ホビー館に泊まりこんだ夜など、一人で大魔神様を眺めていると不思議な気分になった。

一九七六年にリメイクされた際の『キングコング』は実物大の撮影モデルが作られ話題になったが、『大魔神』はそれよりもずっと早い。倒産する数年前にこんな代物を作るのだから、往年の大映京都が東洋最大の撮影所と呼ばれたのも伊達ではなかったのだと思った。

余談だが、魔神様の背中にはコックピットとでもいうべき空間があって、人が乗り込めるようになっている。

そういえば、魔神様が来た直後、ヤマもっちんがちょっとした事故に遭って歯を折ったのだが、その直前に魔神様に対して失礼なことをヤマもっちんが言っていたらしいという噂が流れ、それはもう魔神様の祟りに違いないと、面白おかしく言う者もいた。ただ、バイク乗りが多い海洋堂では、魔神様が来る前からしょっちゅう誰かが事故を起こして入院したりもしていたので、本当に祟りかどうかはわからない。その後の発展を見ていると、魔神様は海洋堂に福をもたらしたのではないかとも思う。

その少し後、千日前(せんにちまえ)にあったプランタンなんばというショッピングモールで、大々的な海洋堂の展覧会が行なわれた。その際には、大魔神様を会場に運び入れて展示して、大勢のお客さんをその迫力で唸らせたものだ。

プランタンなんばの前身といえば、大勢の死者を出した火災で潰れた千日前デパートで、幽霊の目撃例がやたらと多く、心霊スポットとして有名だった場所だが、展覧会のイベント期間中に何も怪しい出来事が起きなかったのは魔神様のご加護ではないかと思っている。

イベント中は、片山が仮面ライダー1号のコスチュームを着たり、今池さんが押井守の実写作品『赤い眼鏡』のコスプレをしたりして、道行く客にチラシをばらまいて大盛況だった。僕も、たまたま持っていたストロングマシーンのプロレスマスクをかぶってチラシを配ったのを覚えている。

そしてまた、新たなミッションが待ち構えていた。海洋堂は、いついかなる時も止まらないのだ。その年の夏休みだった。何度目かの量産でのバイトで、毎日海洋堂に通っていた僕に、センムが言った。

「お前、明日から東京やから、今日は終わったらさっさと帰って用意しとれ」

「は？　東京て」

「渋谷にギャラリー作るんや」

「渋谷にギャラリーて、もうあるやん」

「もう一個作るんや」

海洋堂が東京に進出するきっかけになった茅場町のギャラリーは、若者向けの模型店を出すには微妙な場所にあったので今ひとつ集客力がなく、早い時期に撤退していた。

その後、渋谷の道玄坂（どうげんざか）下にギャラリーを作ったのだった。そしてさらに、渋谷にもう一店舗、道玄坂の上に第2ギャラリーを出すのだという。

第2ギャラリー設立の噂は聞いてはいたが、まさか同じ渋谷に出すとは思わなかった。攻める時にはとにかく攻める、海洋堂らしい姿勢だが、土地代がバカにならない渋谷に二軒というのは無茶だと思った。東京に着いてから知ったことだが、二軒目のギャラリーはイラストレーターの松下進さんの事務所と共同で借りたのだった。マンションの半地下にある物件で、出入口は別々にあるが、中の通路で松下さんの事務所と繋がっていた。

とにかく、いきなりの東京出張を命じられ、家に帰って、母に明日からしばらく東京らしいと告げた。

翌日、センムの運転するオンボロのバンで東京へ向かった。メンバーはシゲちゃんと僕。合計三人で新しいギャラリーを作るなんて無茶ではないかと思ったが、東京に行けば向こうのスタッフもいるから大丈夫と言われた。

僕はペーパードライバーだったし、シゲちゃんも運転しなかったから、一番エラいセンムが一人で運転した。センムの運転はけっこう豪快で、大阪から東京までボロい車を凄いスピードで走らせた。センムも三十歳になるかならないかという時期で、若かったのもあるだろうが、バイク乗りの多い郊外の人間だから、基本的に飛ばし屋だったのである。

助手席はシゲちゃんで、僕は後ろだ。ただ、この車はボロで騒音が激しく、後ろの席に座っていると、カーステレオがまったく聞こえないし、前の二人の会話も聞こえない。しかも、後ろはめちゃくちゃ揺れた。

通常なら八時間くらいはかかる東京－大阪間を、センムの爆走運転で七時間かからずに到着したけれど、なかなかにハードだったような気がする。

物件は道玄坂を上がって少し行ったところで、渋谷より神泉の駅のほうが近かったけれど、神泉ギャラリーでは人が来ないので渋谷ギャラリーという名称なのだった。

まだオープン前だからガランとしていて、ガラスケースが幾つか運び込まれていただけ。センムによると、これでもかなり工事が進んだのだという。「三か月前、俺が最初に来た時は、コンクリートそのまんまで、何もできてなかったんやぞ。今すぐにでもオープンできる言うから飛んできたのに」

ガランとした空間には、何故かFRP製の等身大サイズのシンジェノアだけがあった。

シンジェノアは『バイオ・スケアード　悪魔の遺伝子』という当時まだ日本未公開だったC級映画に出てくるクリーチャーで、デザインはエイリアンのパクリだったが、カッコいいので一部のマニアに人気があり、ビリケン商会からキットも出ていた（僕は、輸入ビデオで『バイオ・スケアード』を観ていたので映画がクソ詰まらないのを知っていたが、シンジェノア自体は今でもカッコイイと思っている）。

ともかく、未完成のギャラリーは、シンジェノアさんが目立つくらいで、殺風景な場所だった。

これを数日でギャラリーと呼べる状態にするのが僕らの仕事だった。

ギャラリーの壁にある小さな戸を開くと、押入れというか倉庫というか空きスペースになっていた。中を覗くと、壁や天井に排水管が通っている。倉庫としては使えるけれど、通常の人が住む部屋としては使えないような隠し部屋だった。

ところが、その排水管が通るコンクリ打ちっぱなし状態の「隠し部屋」が、我々の宿泊施設だというのである。そこに寝袋を広げて、男三人で眠るのだ。さすが、地方から夢を抱えてやってきた若者をタコ部屋に住み込ませる海洋堂である。

到着した初日は、疲れていたからすぐに眠ってしまった。

だが、翌日からはセンムのイビキに悩まされることになる。しかも、排水管が通っているから少し臭いのだ。僕は寝つきが悪い質だ。センムは、横になるとすぐにイビキを立てはじめる。ホビー館に泊まったことは何度もあったが、センムは自分の部屋で寝るから、こんな凄いイビキの持ち主だとは知らなかった。横を見ると、シゲちゃんもすやすや眠っているではないか。俺は繊細やとか普段言ってるくせに、この爆音下で眠れる奴のどこが繊細やねんこの野郎と思いつつ、センムのイビキを子守歌に眠った。

とはいえ、東京にいる間には思わぬ楽しい出来事もあった。イラストレーターの出渕裕（いずぶちゆたか）さんと会食することになって、行ったのが出淵さん行きつけの居酒屋で、各地の日本酒を取り揃えた粋なお店だった。

センムが下戸なこともあって、海洋堂での食事にアルコールがついてくることは皆無だったから、根が飲兵衛の僕は嬉しかった。居酒屋とは言っても、なんとなくオシャレで、店の人が次々におすすめの日本酒を出してくれる。ああ、これが東京なんだな、と感動しながら味わう日本酒はスイスイと体の中に入っていった。

その席で、「モドキ、お前もなんか好きなもん注文してええぞ」とセンムに言われて、メニューを見たら、海そうめん（アメフラシの卵）とあるので、「すんません、僕コレが食いたいです」と言った。アメフラシの卵に敏感に反応したのはシゲちゃんで、「お前、そんなもん食えるのか」と言われたけど。せっかく東京に来たのだから珍しいものが食べたくて、いや、どんなに不味くても責任持って全部食べますから、と言い張った。

出渕さんも海そうめんは食べたことがなかったようで興味津々だったが、出てきたアメフラシの卵には誰も箸をつけず、結局、僕一人で食べたような気がする。細い麵状の寒天のような食感で、半透明の管の中に薄い黄色の点々が見えた。美味いとは言わないが、不味くもなかった。

「カエルの卵みたいですね」と言うと、シゲちゃんがまた顔をしかめる。

「お前、カエルの卵喰ったことあるのかよ」

それ以来、僕のなかでは、東京はアメフラシの卵を食べる土地として記憶に残った。ただし、十数年後に東京に引っ越して、そこからまた十年以上東京に住んでいるけれど、その後、海そうめんを置いている店には一度も入ったことがない。

あの夜、出渕さんが連れて行ってくれたお店は、本当にこの世のものだったのだろうか？　そんなことを思うくらい、夢みたいな経験だった。

その夜、シゲちゃんと僕は結構飲んだ。酔っ払ったシゲちゃんを見たのも、あれが最初で最後だ。寝袋に入って、酔っ払ってブツブツと独り言をつぶやいていた。センムはいつものように速攻でイビキをかき始める。気持ちいい酔いが体に残っているのに、この環境で眠るのは嫌だった。

僕はイビキとつぶやきから逃げるべく、寝袋を引っ張りだして、作りかけのギャラリーフロアに出た。隠し部屋の戸を閉めると、轟音のイビキもそんなには聞こえてこない。シンジェノアの足元に寝袋を広げて、そこで眠った。ギャラリー完成後も東京には何度か行かされたが、いつもフロアの床で寝ていた。

什器を並べ、ガラスケースの中に大阪から送られてきた完成品を並べていくうちに、それなりにギャラリーの体裁は整ってきた。とはいえ、最後の二日くらいは文字通りの突貫工事である。オープン前日には関係者を集めて完成披露パーティーが行なわれるため、館長や他のスタッフも来て、パーティー開始ギリギリまで細部を作りこんでいた。

パーティーには大勢のゲストが来て大賑わいだったが、裏方で働きっぱなしだったので、誰が来ていたのかなどはよく覚えていない。唯一覚えているのは、ずっと後になって仕事で関わり、個人的にも親しくなった『宇宙船』の編集者である聖咲奇くらいだ。ずっと後、僕が三十路を過ぎて脚本家をはじめた頃、ＣＳ放送の子供番組の脚本を書いたのだが、その時、ＣＧのアドバイザーで参加していたのが聖さんだった。それ以来、なんだかんだで付き合いは続いているのだから、縁というのは不思議なものだ。

パーティーで不思議だったのは、女の人が結構いたことで、大阪のホビー館ではありえない光景だったから、ここにもしボーさんがいたらやっぱり女の人と喋れないのかな？　とか思った。大阪の本館で見かける女の人といえば、常務と経理のママさんくらいで、二人とも実の母よりも歳上だったからまあ、女っ気はないに等しい。原型師の中には女性もいたのだけど、僕が関わっていた頃には、夜まで残って男連中と一緒に喰うことをしたりする人はいなかったので、海洋堂というと男ばかりのむさ苦しい空間というイメージが消えない。

パーティーに来た男性陣もなんとなくオシャレな感じがして、とにかくむさ苦しさ全開の大阪とは違うなと思った。八〇年代の渋谷なんだからオシャレモード全開でも不思議ではないのだけど、オタクの聖地というか総本山のイベントにオシャレな空気が漂うのが、何となく不思議だった。

センムは、バイタリティーの塊で、海洋堂の看板を背負っているし、ベラボウに口数が多くてキャラも立っているから、渋谷のオシャレムードに飲み込まれない。

これはゼネプロの岡田斗司夫も同様で、オタクゾーンのど真ん中にいながら、さまざまな文化の壁を超えるだけのキャラクターとボキャブラリーがあるから、オタクという枠内では完結せず、外の世界へ出ていけるのだ。

シゲちゃんはシゲちゃんで、インテリという鎧がある。この人は普段から身内のオタクに批判的なことを平気で口にする人なので、オタクコンプレックスで世間に飲まれたりはしない。

センムもシゲちゃんも、戦闘的に口が達者で、自分とは違う文化圏と接した際にも、決して物怖じしない強さを持っていた。

こういうのは、いわゆる社交性とは違う。普段自分が属している文化とは違う他者と遭遇した際の、サバイバル能力みたいなものだ。

ボーさんみたいな人は、そういう面では凄く弱い。

ガレージキットという文化が発展途上で、まだまだどこへ向かうのか、どこまで成長するのかわからない状況だったからこそ、ボーさんのような、身内の中でしか生きられないような繊細な個性と、センムやシゲちゃんのような、外部と交流しても自分を見失わないような強さの両方が必要とされたのだと思う。

結果的に、オタク文化の内部で純粋培養されたようなボーさんの作品が現代アートとして評価され、海洋堂の造形作品が国境を超える起爆剤になったのは象徴的な出来事だった。

オープン初日、ギャラリーにはズラッと行列ができた。

行列を作ったのはあまりオシャレではない人種、海洋堂にはお馴染みのオタクっぽい若者たちだ。パーティーの時は、東京には小洒落た人たちしかいないのかと思ったが、そうではなかった。海洋堂のお客さんは、やっぱり、ムサ苦しい若者たちだったのである。

客寄せのために恐竜のぬいぐるみを出して道玄坂を練り歩いたりしたので、海洋堂を知らない層も覗きに来た。道玄坂の交番からお巡りさんが様子を見にきたほどの盛況で新聞にも取り上げられた。

その頃には、東京のスタッフたちとも打ち解けていたので、宿泊設備以外の面では楽しい日々だった。

一日だけ休みをもらうと、原宿にその年オープンしたというローリング・ストーンズの専門店ギミーシェルターに行って、ストーンズのスタジャンを買った。今思うと、思い切り「おのぼりさん」していたわけだが、その時買った七六年のツアー用ジャンパーは今でも持っている。

そして、ギャラリー開店にともなう狂乱の東京ツアーが終わり、大阪に戻ると、またいろいろなことが待っていた。気がつけば僕は大学を留年しており、単位も全然足りなかったから本来なら毎日学校にいく必要があったのだが、何となくもう卒業する気は薄れており、事あるごとに海洋堂に入り浸っていた。

その頃には人の良い片山がなんとなく海洋堂のムードメーカーになっており、彼と親しかった僕は一緒になってダべっているうちに終電を逃してしまい、そのまま泊まりこむというケースが多くなった。

ある時期、車で数分の場所にモスバーガーができて、夜食でモスバーガーを食べるのが流行ったことがある。

電話で注文して、バイクチームの誰かが取りに行く。

それまで、ハンバーガーといえば、マクドナルド、ドムドム、ロッテリアしかなかったから、モスバーガーは新鮮だったのだ。

夜食を食べながら模型を作るので、必然的に、ダラダラと、帰るのが遅くなる。バイク乗りの連中はどんなに遅くなっても帰れるが、シゲちゃんや僕のような電車組は、終電を逃すと泊まるしかない。

そんな流れで泊まりこむ機会が増えたが、片山は嬉しかったようで、夜半に作業が片付くと、二階へ上がって、僕たちはトランプで大富豪やオイチョカブをするようになった。

メンバーには村上やキッさんがいた。田熊君もいたけれど、彼はわりと早めに寝てしまう。戯れている我々を冷ややかな目で見るシゲちゃんは、泊まりこむことがあってもお遊びには参加しない。

いつも同じメンバーで大富豪をやっていた気がする。

翌日も仕事があるのだから、早く寝りゃいいのに、大富豪が終わっても何となくダラダラと喋っている。

ある時、片山の部屋で、僕と村上が居残ってなんやかやと話をしていたら、途中から、村上が仕事場での愚痴を言いはじめた。

量産で働いていた村上は、その量産工房のリーダー格であるNさんと折り合いが悪く、しょっちゅうイビられるというか嫌味を言われたりしているのは知っていた。Nさんは村上よりずっとろう。

歳上だったが、ちょっと冷たくて愛想の悪いところがあった。抑えていたものが吹き出したのだ

「そら僕にも悪いとこはあると思いますよ！　でも、あの人のほうがずっと大人じゃないですか！　なんで、あんな子どもじみた嫌がらせをするんです！　今度何かあったら、僕は絶対にあの人に言ってやりますよ！」

興奮したのか、一気呵成に喋るだけ喋ると、村上はバイクで帰っていった。バイク組なのに、そんな時間まで残っていたのは、片山や僕と遊んでいるのが楽しかったからだと思うが、だからこそ話をしやすい顔ぶれしかいない場で、感情が吹き出したらしい。

村上は海洋堂スタッフには珍しいほど礼儀正しく真面目な男だったから、僕も片山もびっくりしたものだ。

なぜ、この話を書いたかというと、ちょっとしたオチがあるのだ。Nさんと村上は、その後も微妙に折り合いが悪いまま仕事を続けたが、数年後、Nさんのほうが先に辞めてしまった。

それからさらに数年後、警察が海洋堂にやってくる。Nという男がコンビニ強盗をやって逮捕されたが、本人は海洋堂で働いていたと証言している、と。

その頃には僕もいなかったが、警察に対するセンムの返事は、居合わせた人間から聞いた。

「あー、確かに、あいつやったらそういうことやるかも知れませんな」

一度だけ、梅田の模型屋でNさんを見かけたことがある。僕も彼も海洋堂から離れていた時期

だ。模型の塗料を品定めするNさんの横顔は、なんだか妙に老け込んで荒んで見えた。村上ほどではないが僕もNさんは苦手だったので、声をかけそびれたまま、その場から離れた。逆算すると、彼がコンビニ強盗をはたらく少し前だったと思う。

あれは、何度目かの東京出張だったと思う。

「おうモドキ、明日は成田さんの引越し手伝うから」とセンムが言う。

成田亨さんといえば、ウルトラマンやウルトラセブンをデザインした画家であり、彫刻家である。ガラモンにバルタン星人に……初期のウルトラ怪獣はすべて成田デザインだ。僕ら世代にとっては、文字通り、偉人である。その人の引越しを手伝えるということで、否が応にも胸は高なった。

成田さんと海洋堂の付き合いは古く、ガレージキットの販売を初めて間もない頃、『宇宙船』編集部の聖咲奇に連れられた成田さんが何の前触れもなしに門真のホビー館を訪れて以来だった。

この頃の成田さんはすでに円谷プロを離れ、フリーで映画の美術などをやっていた時期で、『宇宙船』では創刊以来成田デザインを何度も取り上げ、ガレージキットムーブメントの中では特別な存在に祭り上げられていた。だから、若い世代に注目されるのを喜んでいたようだった。

引越しの時の顔ぶれは、センムにシゲちゃん、そして僕。ドライバーであるセンムはともかく、シゲちゃんも僕も文系で、引越しに役に立つとは思えなかったが、いついかなる時も、その場にいる人間で何とかするのが海洋堂なので、非力な僕もシゲちゃんも、ヒイコラ言いながら、尊敬する成田先生の家財道具を運んだ。

成田さんはもともと彫刻畑の人なので、運び出す家具の中にはオブジェのように嵩張る作品もあって、車に積み込むのは大変だった。おまけに、センムの車には、その少し前に館長がアメリカ旅行で買ってきた玩具がいくつか載ったままになっており、場所を取っている。

「センム、これ全部載りませんで」

「載せろ、押し込め、なんとかなる」

「館長がアメリカで買うてきたオモチャの箱、捨てましょう！　邪魔や！　邪魔すぎる」

「館長に、あの箱、どうした？　て訊かれたら、モドキが捨てたて言うけど、それでもええのんか？」

「前言撤回！　やっぱり捨てるのヤメ！　なんとかします」

というわけで無理矢理押し込んだオモチャの箱は、荷物に押し潰されて端っこが潰れたけれど、これくらいは目を瞑（つむ）ってもらうしかない。海洋堂だって、箱の潰れた商品を平気で売っていたのだから問題なし！

僕は初対面だったけれど、シゲちゃんは、成田さんが海洋堂のためにオリジナルのデザインを起こした怪獣クラッシュホーンの原型も担当していたこともあり、面識があって、成田さんから「ええとこのボンボン」と呼ばれていた。よく見ると、皇太子殿下の徳仁親王に似ていなくもない上品というか慇懃無礼な雰囲気を漂わせており、ムサ苦しい初期のオタクと地方ヤンキーの巣窟だった海洋堂メンバーの中では、ええとこのボンボンに見えたのだと思う。

引越しの荷物の中には、密かに期待していた円谷プロ時代のデザイン画などはほとんどなく最近の作品が多かったが、一つだけオタク的に宝物と言ってよい代物を発見した。

『突撃！ヒューマン!!』の撮影用マスクだ。

ヒューマンは『仮面ライダー』が大ヒットした時代の作品で、観客を前にした舞台劇を録画して放映するという画期的な番組だったが、あまりにも画期的すぎて1クールで終了した、時代の徒花と言ってよい作品だった。

いわゆる特撮番組を、観客を入れた生の舞台で演じるスタイルで、ライダーやウルトラマンのような、特撮を駆使した変身シーンはない。主人公がピンチになると、舞台上から客席の子供たちは煽られ、それに反応して子供たちは指にはめたカードをクルクル回してヒューマンにサインを送る。すると、客席後方からピアノ線で吊られたヒューマンの人形が登場し、客席の子供らの頭上を飛び越して舞台上に到着、飛び人形が舞台装置の影に隠れると、それと入れ替わる形でコスチュームを着たヒューマンが登場！　――と、文字で説明すると手間が掛かるが、要は地方の遊園地でやるアトラクションショーみたいなものだ。三か月ほどで打ち切りになったが、キャンディーズでデビューする前の田中好子（たなかよしこ）が出演していた。

ヒューマンに登場するキャラクターのデザインは、ウルトラシリーズを経過した後の成田タッチで、かなりカッコいい出来だった。その、ヒューマンの撮影に使われたマスクが、荷物の中にあったのだ。

「わ、マジでヒューマンや！　本物や！」

興奮したので、とりあえず陰に隠れてそのマスクをかぶってみた。これが重い。そして、動くと首が痛い。

ウルトラマンやライダーのような、ゴムとＦＲＰの造形ではなく、アルミ板の叩き出しで作られたものだった。内側にはウレタンを貼って、かぶった人間が怪我をしないように細工されてはいたが、それでも金属の塊だから重いし、首は痛くなる。実際の撮影は大変だったんだろうなと思わされる代物だった。

あまり時間もなかったけれど、手にとって見たヒューマンの顔は、ウルトラセブンやそのカプセル怪獣ウィンダムにも共通する、西洋の甲冑のイメージを取り入れたデザインで、直線と曲線で構成された金属の武者という感じだった。

ウルトラマンのデザインに仏像のアルカイックスマイルが取り入れられているのは結構有名な話だけれど、それ以降の作品であるセブンやヒューマンにも、和と洋のセンスを融合しようとする姿勢は読み取れた。おそらく、成田さんのなかでは、セブンからヒューマンまで繋がった作品としてあるのだろうと思った。

引越しが一段落した後、成田さんの新居でお茶をいただき、成田さんから円谷プロでウルトラマンを作っていた頃の思い出話を聴かせていただいた。

怪獣ファンとしては夢のような時間を過ごせたのだが、話の途中で段々と、思い出がきな臭い方向に流れていった。

成田さんはキャラクターデザインの著作権をめぐり、円谷プロと裁判沙汰になっていたので、我々に思い出話をする途中で、嫌な記憶が蘇ったらしい。話の内容はどんどん円谷英二、円谷一といった特撮史上の偉人と言われる人たちへの個人攻撃になっていったので、ヒヤヒヤしながら聞いていた。

成田さんご本人は、痩せた、白髪混じりの、人の良さそうな初老のおじさんで、僕らにも愛想よく接してくれただけに、欲と金をめぐる話になった途端に口調が一変するのは怖い思いがした。その際に聞かされた話の中身は、さすがにここには書かない。成田さんと円谷プロの問題は、キャラクタービジネスというものが社会的に認知される前の時代に起きた不幸な出来事だったのだと思う。

実はそれから二十数年後、成田さんがこの世を去った後、僕自身が円谷プロダクションの契約社員としてウルトラマンの映画に関わることになる。ウルトラマンの権利に関してはタイの会社チャイヨーと裁判になったこともあって、確かに、権利関係には敏感な会社だった。

思うに、創業者の円谷英二と跡取りの円谷一、そして成田亨を含めた大勢のスタッフの手によってウルトラシリーズが作られたとき、ウルトラマンや怪獣たちのキャラクター商品が飛ぶように売れると思っていた人はいなかったのだろう。

実際、マルサンが怪獣の人形を発売する際にも、そんなものが売れるのか？　という声はあったという。だが、ソフトビニールで量産された怪獣の人形はそれこそ飛ぶように売れ、日本中に怪獣があふれた。ウルトラシリーズの怪獣人形は、日本のキャラクタービジネスに革命を起こし、それをきっかけにキャラクターへの認識が変わった。

一九八〇年代に新たな潮流となったガンプラもガレージキットも、その源流を辿ればウルトラシリーズの怪獣人形に行き着く。

ウルトラと怪獣が、関係者たちの想像を超えたビッグビジネスになってしまったことが、成田さんの不幸だったのだと思う。円谷プロに関わる後輩の一人としては、誰が悪かったという問題で割り切る気にはなれない。

成田さんには最近の作品も見せてもらった。鬼や天狗をモチーフとした新作には、それなりの魅力はあったが、もはや時代を切り拓くような鋭さや輝きは感じられなかった。僕らはなんとも複雑な気持ちを胸に抱えたまま、成田さんの新居を後にした。

東京での宿は、相変わらず、道玄坂上ギャラリーの床だった。時折、夜中になるとギターの音が聞こえてきた。奥にアトリエを構えた松下さんが弾いていたのだ。

一度、松下さんの秘書の女性がこちらを覗きにきて言った。

「松下のギター、うるさくないですか？」

「全然問題ないです」

松下さんも秘書の方も、なんかオシャレで、我々とは別世界のような気がした。別の世界からギターの音が聞こえてくるようで、なんとも不思議な気分だった。そんなことを考えながら恐竜アロサウルスの着ぐるみの足元で寝袋に入って寝た。

ギャラリーのスタッフは男ばっかりで、東京に来ても、海洋堂はやっぱり海洋堂なのだった。

9
エイリアン襲来

一九八六年、一本の映画が公開された。

ジェームズ・キャメロン監督の『エイリアン2』だ。リドリー・スコット監督の『エイリアン』の続編でありながら一作目とは打って変わった豪快な戦争アクション映画で、ＳＦもアクションも大好きな我々海洋堂クルーは、皆、興奮してこの映画のことを語り合った。

一作目に出たエイリアンのデザインも少し変わり、クライマックスにはエイリアンクィーンという巨大な怪獣キャラも出てくる。海洋堂的にもドンピシャの作品で、当然のことながら、エイリアンとクィーンを作るしかないという話になる。

誰が作るのか？　それはもう、一人しかいない。洋物クリーチャーならお手の物の山下信一だ。

これぞ自分の出番と、山下はエイリアンとクィーンの造形に着手する。

エイリアンのパーツ構成は、大量の細いトゲのような部品になるのが明らかだった。今までのレジンキャストキットでは、いささか相性が悪い。レジンで抜いた小さなトゲは、すぐに折れるだろう。

この時点で、海洋堂はソフトビニールキットのノウハウを掴みつつあった。キューピー人形などに使われるソフトビニール素材を、はじめてガレージキットに使ったのは、青山のビリケン商会だった。安価で丈夫なパーツを大量生産できるのがメリットだが、繊細なディテールの再現に関してはレジンに一歩劣る。

海洋堂も、荒木さんの恐竜を皮切りに、ソフトビニールキットの開発を始めていた。最初の頃は、鋭い牙などが抜けず、不本意な出来の物があったが、試行錯誤を繰り返すうちに、ソフトビニールの製造工場もガレージキットのディテールに少しずつ対応していった。

恐竜の牙が抜けるのなら、エイリアンもソフトビニールで抜けるはずだ。

『エイリアン2』のキットは、ソフトビニール製、しかも途中まで組み立ててある半完成品として発売されることになった。

エイリアンのフィギュアといえば、MPC社が出したプラモデルと、ケナー社が出していた大型の玩具くらいしかなかった時代だ。どちらも、発表された時点では、かなり良くできた商品で、MPCのキットは何度も再販され、入手困難なケナーのエイリアンにはプレミアがついていた。

そこに山下のエイリアンがソフトビニール製の半完成品として発売されれば、世界中から注目され、話題になるのは間違いなかった。造形物としての完成度も、ＭＰＣのキットを遥かに凌駕するだろう。

大阪の衛星都市から世界へ、海洋堂がメジャーな世界へ挑戦する最初の商品が山下エイリアンだった。

ある日のこと、事務所に、ファックスが届いていた。見ると、全文英語である。アメリカから来たファックスだ。

インテリのシゲちゃんはいなかったし、英語担当のヤマもっちんもいない。センムも出かけていた。いるのは常務とママさん、そして量産工房の連中だった。量産は忙しいし、英語が得意な人材もいなかった。

急ぎのファックスかもしれないから、シゲちゃんのデスクにあった辞書を借りて、訳してみたところがこれが、やたらと難しい。知らない単語がポンポン出てくる。シゲちゃんの英和辞典では追いつかず、英英辞典が欲しいレベルだった。

内容が難しい理由は途中でわかった。契約に関する文章だったので、随所に専門用語が使われていたのだ。辞書に載ってない単語が散りばめられている。それでも、悪戦苦闘して翻訳した。何となく意味がわかればよかろうというレベルだったけれど、まあ、役にはたったようだ。

さらなる難関は、それからまもなくやってきた。

「おう、モドキ、このあいだ英語でファックス来たやろ」

「あー、はいはい」

「アレの返事書いといて、内容はこういう感じで」

「返事て……日本語ではないですよね」

「当たり前やんけ、相手アメリカ人やぞ、英語で書くんや」

「書くて、誰が?」

「お前がや、他に誰がおるねん。海洋堂なめとったらアカンぞ。英語できるような奴が、何人もおってたまるか」

ヤマもっちんを目で探したがいなかった。

「しかし現役の学生とはいえ、アホで有名な大阪芸大留年中でっせ、大事な契約の文書やのに、俺レベルの英語で、返事書いてええの?」

「他におらんから、お前がやるんや」

観念した。僕がやるしかないらしい。

「で、いつまでに書いたらええの?」

「あした」

そろそろ晩飯に行くかという頃合いである。長いものではないが、その場で書けるような代物ではなし、必然的に、徹夜で英文のお手紙を書くことになった。二階の空いている部屋に、シゲちゃんの和英辞典と一緒に缶詰めにされ、書き上げるまでお家には帰ってはいけませんよ状態だ。

「朝まで退屈するやろうから」と心優しい今池さんがラジカセを貸してくれたが、カセットテープは一本しか入ってなかった。しかもそのテープというのが今池さんの愛聴盤で、ヒカシューのボーカリスト巻上公一（まきがみこういち）が出した『民族の祭典』というアルバムで、童謡とか世界各国の民謡とかを独特の巻上節で唄い上げる名盤というか奇盤というか、かなり奇々怪々なアルバムで、一晩中繰り返して聴くと、脳みそが溶けそうになった。こういう、人が苦しい時に限ってシゲちゃんはさっさと帰るし、片山も田熊君もさっさと寝てしまう。

作業はなかなか進まなかった。ちょっと進んでは書き直し、また少し書いては、読み返して、書き直す。書いたはよいが、それが文法的に正しいのかどうか。自分では判断できない。大丈夫なような気もするし、根本的に間違っているような気もして、何度も書き直す。ちょっと休憩してから読み返すと、さっき書いた文章のほうが正しいような気がしてくる。

無間地獄だった。

コーヒーを淹（い）れに一階に降り、タバコを吸う。なんとなく、その辺をウロウロと歩きまわる。みんな眠っているから誰もいない。僕以外に起きているのは五メートルの大魔神様だけだった。タバコを銜（くわ）えながら、大魔神様を見上げる。

顔のあたりは、暗くて何も見えない。相手は神様であるから、とりあえず拝んでみる。

そして、また二階に上がって英作文と取り組む。今池さんのラジカセからは、「イヨマンテの夜」を熱唱する巻上公一の歌声が流れていた。

そんなふうに、朝までかかって英文の手紙を作成した。どれくらいマトモな文章になっているのか、自分でもわからなかったが、とにかく全力は尽くしたという感じである。

僕の英作文はアメリカに無事渡ったらしい。その証拠に、山下エイリアンの商品化は頓挫もせず順調に進んだ。先にエイリアンウォリアーを発売し、大型キットになるであろうエイリアンクィーンを翌月発売というスケジュールも決まった。

山下は急ピッチでベーシックなエイリアンウォリアーを仕上げたが、巨体のクィーンには手こずったようだ。

ウォリアーは、ディテールの違いはあれど一作目の『エイリアン』に登場したビッグチャップと呼ばれるモデルと基本的には同じフォルムだ。だが『エイリアン２』で初登場するクィーンに関しては、まだ資料も少なかった。ウォリアーよりも形状が複雑なので、資料の写真を見ただけでは、なかなか全貌が摑みにくいのだ。

ギリギリまで自宅の学生寮でクィーンの原型を作りこんでいた山下だったが、いよいよ締め切りが近くなって、泊まり込みで作業をすることになった。

この夜のメンバーは、山下と僕、それに田熊君。三人がかりでクィーンの原型を仕上げ、翌日の朝にはソフトビニールの工場に送る手はずになっていた。間に合わなければ、発売が遅れる。自社だけで捌くのならいいが、問屋に下ろすので、責任は重大だ。

バラバラの状態で作られていたクィーンの原型を、三人で手分けしてペーパーがけをし、表面を仕上げてゆく。全体のフォルムはさすが山下！　と言いたくなる完成度だったが、時間に追われていたのと、細かいパーツの数がやたらと多かったことから、細部の仕上げはかなり荒い状態だった。骨のように細い手足や背中に生えた棘のパーツを、三人でチマチマと表面処理して仕上げていく。作業を始めてすぐ、これは朝までに終わるかどうか微妙なラインだと思った。原型師の二人は手が早いし、僕だって星の数ほどガレージキットを組み立ててきた。その三人が必死で手を動かし続けて、タイムリミットギリギリという感じだった。三人とも、あまり口を開かずに、ただひたすら作業を続けた。

午前二時を回った頃だと思う。僕はとんでもないことに気づいてしまった。クィーンのボディに手を入れながら、パーツの形状を確認してみたら、腰骨のあたりの形状が左右非対称なのである。それも、思いっきり。

見るからに怪物的なデザインのエイリアンクィーンだが、良く見ると背骨や肋骨の形状などは、人間のそれを大げさにカリカチュアしたような造形だった。基本のエイリアンからしてそうなのだけれど、人間にちょっと似たところがあるデザインだから、余計不気味に感じられるのだ。

クィーンの骨盤は人間のそれに近い形をしていたが、山下の造形したモデルは左右の形が微妙に違う。気づかなかったら、そのまま表面処理して工場に送っていただろうが、こういうことは、一度気がついてしまうと気になってしょうがない。ある程度は左右対称に仕上げなければならないのだが、右と左どちらが正しいのか僕にはわからない。

しかたがないので、横で頭部の形状を修正していた山下に訊いてみた。

「おい、山下」

「なんですか」

作業に集中しているので顔は手元を見たままだ。

「ちょっと、これ見てくれよ」

「はい」

きわめて面倒くさそうにこっちを向いた山下の、その鼻先に、クィーンの腰骨を押し付けるようにして見せつけた。

「あのさ、これ左右の形が違うと思わんか?」

「そうですね」

「どう仕上げたらいい? 言うてくれたら、修正するけど」

「モドキさんに任せます」

「いや、だから、右と左で形が違うから、どっちかに合わせなイカンのやけれど、どっちの形状が正しいのか教えてくれよ。そしたら正しいほうに合わせて仕上げるから」

「……お任せします」

「え?」

山下は再び自分の手元に目線を戻し、緻密な手つきで顔の部分に手を入れ始めた。僕の言うことを聞いている余裕はない、という意思表示だった。

「モドキさんの好きなようにやってください」

田熊君を見ると、こちらも一心不乱にクィーンの太ももを磨いている。我々の会話が聞こえていないわけはなかったが、嘴(くちばし)を突っ込むと自分の仕事が増えかねないので、危険と判断して聞こえないふりをしているようだ。さすがはタコ部屋の牢名主、賢明な判断である。

というわけで、クィーンの骨盤は僕に任された。

仕方なく、デスクにあった英文の資料を広げる。だが、どこを見ても骨盤の形状が明確にわかるような写真はない。

もう一度、腰骨のパーツをしげしげと眺めてみた。お尻のほうから見て、右のほうが左のほうより大きい。そして、左右の骨が描いているカーブも微妙に違う。

僕にできることは、左の形状を正解として右の骨を削るか、右の形状に合わせて左側に粘土を盛りつけて整形するか？　どちらかの方法を選択するしかない。どっちにしても、かなり大がかりな作業になるし、失敗したら大惨事である。

僕が悩んでいる間にもガンガン時間は経過する。悩んだ末、左の骨に粘土を盛り付けてサイズアップすることにした。左にあわせて右側を削った場合、全体のボリュームが損なわれてしまうと判断したのだ。

「山下、これ、ファンド盛って手直しするけど、それでええかな？」

「任せます！」

もう、それしか言えないくらい山下も追い詰められている。田熊君も無言のまま、ただひたすら手だけを動かしている。本当に、もう時間がない。

石粉粘土のファンドを適量千切り、そのままクィーンの腰骨に押し付けて盛り付け、指先とヘラで整形する。とにかく、左右対称で不自然に見えないように、慎重に形を整えてゆく。原型を作ったことのない僕が、大幅に原型に手を入れるのだ、プレッシャーで冷や汗が額を伝う。しかし迷っている暇はない。形が決まったら、田熊君のドライヤーを借りて粘土を乾燥させる。

ある程度ゴールが見えた段階で、山下に見せた。

「ちょっと見てくれ、これでええかな？」

「大丈夫です、さすがモドキさん」と言う山下の目は血走っていた。とても正常な判断ができる状態とは思えなかったが、原型師がオッケーならオッケーと判断するしかない。まだ他にもやることは山ほどあるのだ。

盛り足した部分が乾いたので、溶きパテを塗って、元からあった部分との継ぎ目を見えないようにする。溶きパテというのは、プラモデル用のラッカーパテをシンナーでペースト状に溶いたもので、ガレージキットの表面処理には欠かせないものだった。

夜が明けても作業は終わらなかった。

最終的に、すべてのパーツに溶きパテを塗って処理を終える頃には、量産のスタッフたちが出社しはじめていた。徹夜組の三人は、梱包材とともにクィーンのパーツをダンボールの箱に詰めたあたりで力尽きたと思う。意識朦朧としていたので最後のほうはよく覚えていないのだ。

そんなふうに苦労して仕上げたエイリアンクィーンだったが、この話にはオチがある。後日、ソフトビニールのテストショットが送られてきたのだが、皆でパーツを手に取り、眺めていると、商品管理のA君が「これ、筆の毛やろ!」と声を上げた。見ると、エイリアンクィーン頭部の甲羅の部分に、三センチくらいの短い糸のような模様が不自然に入っている。原型にはなかったものだ。何が原因かはすぐ分かった。

表面に溶きパテを塗る際に、模型用の筆の毛が抜けて、そのまま貼りついてしまったらしい。すぐに犯人は誰かという話になったが、徹夜していた三人は三人とも寝不足で記憶が定かでなかったため、よくわからなかった。大した傷ではないし、まあご愛嬌ということで、クィーンは筆の毛の模様がついたままで出荷された。

クィーンの原型を送った数日後、先に納品していたエイリアンウォリアーが、バラバラのソフトビニールになって送られてきた。同時に、豪華にカラー印刷された大きな箱もやってきた。今まで、自社だけで手作りのキットを売ってきた海洋堂が、初めて問屋に卸す商品である。

いろいろと初めてづくしの状況で、なおかつ半ば完成した状態にまで組み立てなければいけない――これが大変だった。なにしろ、数が多い。千個単位だ。当時、量産工房で製造していたレジンキットは、多くて二〇〇個から三〇〇個を数週間から数か月かけて売れればヒットという感じで、売れないものは数十個動けばいいところ、そんな世界だった。

問屋が相手ということは、期日までに必ず納品しなくてはならない。大量のソフトビニール製エイリアンを前に、量産の製造ラインを止めて、全員でウォリアーの組立をすることになった。

ソフトビニールなので、レジンキットより組立ははるかに簡単だ。カッターで不要な部分を切り取り、はめ込み式で組み立てるだけ。だが、それがかなり面倒くさい作業になる。

エイリアンは背中に六本の突起物があり、どれも似たような形状なのだが、すべてナンバリングしてあるので、間違わないようにはめ込む。間違うと突起物同士が干渉して、うまく組み立てられない。わりと面倒な作業だということが、やりはじめてすぐにわかる。とにかく、数が多い。しかも、ダンボールの箱も組み立てなければならない。時間との戦いであり数との戦いだった。

ソフトビニールは柔らかくてカッターでスパスパ切れるので、レジンキットを組むよりずっと楽なのだけれど、僕は、油断して指を切ってしまった。柔らかいソフトビニールを切っている途中で手先が狂い、左手の人差し指の腹にカッターの刃先がスッと入ってしまったのだ。次の瞬間、血があふれた。ナイフを使うので、切り傷は日常的にあったが、指先の指紋がある部分は滅多に切らない。カッターで切られた指紋は、パックリと割れて、血が吹き出している。

「あ、痛ぁ! 指切った!」と声を上げると、誰かが「瞬着で貼っとけ」と言う。

実は、コレは間違っていない。瞬間接着剤は、もともと医療用で、手術跡に縫い傷を残さないために開発されたものだ。実際、僕らは小さな怪我なら瞬間接着剤で傷跡を塞いでいた。この時も、傷口に瞬間接着剤を垂らして張り合わせたが、指紋が少しずれてしまった。四半世紀たった今も傷跡が残っている。

そんなパニックめいた状況で組立を進めるなか、東京のギャラリーの責任者である龍ちゃんこと石田龍太郎から電話が入った。

「あー、モドキくん？　こちら、渋谷の石田ですけど、ここんとこ新製品がないので売上がキツいんですよ。なんか新製品ないんですか、早く送ってください」

「あー！　龍ちゃん、ご無沙汰してます。すんません、今、全員でエイリアン組み立ててるんで、工場止まってます」

「えー。ちょっとくらい、工場動かせないの？」

「原さんのキングギドラが原型上がってるけど、まだシリコン型もできてないんで、量産のラインが動くのは、どっちにしてもエイリアンの後になります。今はもう、全員総出で、エイリアンですよ。チロ吉にも手伝わせたいくらい」

「なんとかなんないの？」

「なんともなりません。そのうちエイリアンの大群が送られると思うから、それを待っててください」

会話に出てきたチロ吉というのは館長の愛犬で、皆から愛されていた海洋堂のマスコットである。僕がいた頃、すでに相当の老犬で、足の裏の肉球が硬くなっており、チロ吉がホビー館の床を歩くとペチペチという音がした。

家賃の高い東京は大変だったようだが、大阪も大変だったのだ。我々は、館長のいないところで、慣れないことはやるもんじゃないと溜息混じりに話しあった。だが、慣れないことを平気でやるのが海洋堂でもある。いついかなる時も、片道切符のチャレンジャー精神で飛んでいくのだ（半完成品での発売という試みは、後にブリスターパックのアクションフィギュアという形で結実する）。

驚いたのは、東京のギャラリーに、エイリアンの完成品を売って欲しいという注文が来たことだ。半完成品とは言いながら、全身は組み上がった状態で箱に入っているから、一部のパーツを嵌めこむだけで完成する。箱を開けて五分もかからない。成型色もダークブラウンだったから、手間のかかる塗装をしなくても、見栄えのするモデルになっていた。ギャラリーのスタッフもそれを説明したらしいのだが、そのお客は、それでも海洋堂で組立塗装したものが欲しいのだという。ちなみに、完成品の販売価格は、キットの三倍が相場だった。

「しゃあないから、塗装に凝るか」

センムはエアブラシとドライブラシを駆使して、それなりに豪華に見えるようなグラデーション塗装をエイリアンに施し、東京に送った。

「これからは、完成品を売ってくれっていう客が増えるんかねぇ？」

商品が売れるのはありがたいが、海洋堂のポリシーは「欲しいものは自分で作れ」だったから複雑な心境である。センムも館長も、模型屋のオヤジとして、海洋堂を訪れる客たちに、とにか

ホビー館のアイドルチロ吉と銀ヘル

く手を動かせ！　無いものは自分の手で作れ、アホ！　と言いつづけてきたのだ。

だからこそ、海洋堂には自分で作ることのできる奴らが大勢集まってきたが、世間にはそれよりも遥かに多くの、自分で組み立てるのは面倒臭いし、綺麗に作る自信がない人達がいるのだ。

エイリアンの発売は、海洋堂が、狭いガレージキットの業界から広い一般社会へとその第一歩を踏み出した瞬間だった。

エイリアンに関しては、本当に色んなことがあった。『ホビージャパン』誌の発売日、海洋堂の広告はもちろんエイリアンを前面に打ち出したものだったが、その同じ雑誌に掲載されていた内田模型というエイリアンウォリアーという模型店の広告が問題だった。大幅値引きを打ち出して、海洋堂よりもはるかに安い値段で売っているのだ。商売だから小売店でのディスカウントは避けられないが、発売されたばかりの新製品でこういうことをやるのはルール違反だ。

「モドキ！　内田模型の広告見たか？」

発売されたばかりの『ホビージャパン』を片手に、今池さんが怖い顔をしている。

「見ましたよ、シャレならんがな」

内田模型は、門真市からも遠くない寝屋川（ねやがわ）市にあった模型店で、イノウエアーツと提携して、『妖怪大戦争』のダイモンなどを商品化していたが、他のメーカーの商品を大幅に値下げして叩き売りするという商法で、あまり評判は良くなかった。そのうちに、自社商品であるイノウエのキットも値下げを始めたので、経営が苦しいらしいのはわかったが、エイリアンウォリアーの事件からほどなくして、火事で全焼してしまう。その後、店主がどうなったのかは誰も知らない。内田模型のオヤジが自分で火をつけたという、もっぱらの噂だった。

きな臭い話がもう一つある。

発売から数か月も経っていないある日、東京のギャラリーで僕たちは驚くべき代物を目にする。

「これ見てみ、香港で売ってるらしいで」

と、センムが見せてくれたのは、関係者によって持ち込まれたエイリアンのコピー商品だった。見た瞬間に山下の造形だとわかるそのキットは、ソフトビニールではなく、石膏のような硬くて重い材質でできていた。

「何コレ？　香港製」

「詳しいことはわからんけど、台湾あたりでコピーしてるらしいわ」

「材質は？　何でできてるの？」

「なんか、レジンと石膏が混ざってるらしい。香港とか台湾とか、湿気が多いから、こっちで使うてるレジンでは発泡してしまうんで、量産できんらしい」

その時、初めて触った石膏とレジンの混合材料は、後にポリストーンとかコールドキャストという名称で広く使われるようになる。今でも、完成品で販売されるフィギュアにはよく使われている。

やられたらやり返せではないけれど、エイリアンをコピーされた海洋堂は、新たな素材であるポリストーンの使い道を考えた。普段キットで販売している商品とは別のラインで原型を作り、これを台湾でポリストーンで複製し、着色までして完成品で売るという計画が立ち上がったのだ。

まず手始めに、原さんが口を閉じて大地に立つキンゴジを作り、原型が台湾に送られた。口を閉じたのは、パーツ数を減らすためと、塗装の手間を少なくするためだ。口を開けた状態だと、組み立てる前に口の中と牙を塗装しておく必要がある。特徴的な背びれも一体成型で抜けるようにしてあり、必要最小限のパーツ構成で作れるようになっていた。

しばらくして台湾から送られてきた見本は、塗装の仕上がりも悪くない出来栄えで、引き続き、荒木さんの恐竜を完成品として販売しようというところまで話が進んでいたが、残念ながら、途中で台湾サイドとの交渉が頓挫してしまう。

この時期、荒木さんの恐竜を何体か台湾完成品の原型にするために組み立てたが、製品化には至らなかった。初期ロットのみ製造された原さんのキンゴジは、ごく少数が世に出回り、ごくまれにヤフオクに正体不明のキンゴジとして出品されているのを見かける。

ポリストーン製完成品のプロジェクトは、残念ながら軌道には乗らなかったが、海外での量産と着色しての販売という面で、海洋堂の知名度を全国区にしたチョコエッグをはじめとする後の食玩に先駆けるものだった。海洋堂はさまざまな試みにチャレンジしていたが、すぐに成果が出るようなものはきわめて少なかった。

初期に蒔（ま）いた種が大きな実を結ぶのは、ずっと後になってからの話だ。

10
ソフビゴジラ

エイリアンに続いて、ついにゴジラをソフトビニールキットで発売しようということになった。ゴジラといえば原さんだ。ソフビゴジラの第一弾は何がよいかという話になって、一九八四年の復活ゴジラ、通称新ゴジで行くことになった。原さんは、この新ゴジが、ことのほかお気に入りだったのである。

それには訳があって、八四年のゴジラが復活する際、最初に出回ったポスターは大都会のビルにゴジラのシルエットが映えているもので、それに使われたのが原さん原型のリアルホビーサイズの初代ゴジラだった。原さんの初代ゴジラは、後に何度も復刻されたほど評価が高いもので、八四年の新しいゴジラのデザインにも影響を与えていると言われていた。だから原さんは、新ゴジのことをちょっと自分の子供のように思っていたのだろう。

映画の撮影にあたっては、内蔵メカで手や頭部が動く四・五メートルの巨大モデル、通称サイボットゴジラも作られ話題を呼んだが、原さんはサイボットゴジラと着ぐるみの両方を造形し、どちらも完成度は高かった。

そんな流れがあったので、原さんは張り切って新ゴジに着手した。エイリアンのような半完成品ではなく、純粋な組み立てキットだが、今までの原さんの作品よりも大量に生産され、日本中の模型店で売られることを考えると、原さんファンの僕は素直に嬉しかった。

もともと手が早い原さんは、かなりのスピードで新ゴジの原型を仕上げた。完成度も文句なし、この時点ではほぼ最高の八四年版ゴジラのモデルだったと思う。

原型は量産工房でいったん型取りされ、レジンキャストで抜いたものを表面処理して、ソフトビニールの工場へ送られた。

レジンキャスト版の完成品を渋谷ギャラリーの店頭に飾っていたら、その日のうちに盗まれたこともあった。それくらい迫力のある原型だったのだ。

原型が完成したなら、次は箱だ。エイリアンと同じく、写真印刷された立派な箱に入れて売り出すのだ。

誰が箱を作るのか？　エイリアンの時は安良さんがいて迫力のある写真を撮り、箱を作った。しかし、その時点で安良さんは、行方不明というか海洋堂に出入りしていなかったのだ。

「モドキ、お前が箱作れ」

普段からチラシや広告を作っているので、箱のデザインをするのも別に変な話ではない。ただし、僕は素人だ。デザインなど学んだことはないし、写真だって撮ったことはない。

「あの、僕でええんですか？　知ってると思うけど、留年中の学生で、アホで有名な大阪芸大のなかでも潰しがきかない文芸学科ですよ」

「ええから、お前がやれ。他に人がおらん」

写真を撮る前に、撮影用の完成品を作る必要があった。組立はお手のものだから自分でやればいいが、僕はあまり塗装が得意ではない。ヘタクソな塗装は原型の魅力を台無しにしてしまう。塗装といえばセンムだが、生憎と出かけているし、下地を黒く塗った状態のゴジラを持ってウロウロしていたら、ちょうど別のフィギュアを塗装中のボーさんがトイレに立ったので、戻ってきたところを摑まえてゴジラを突きつけた。

「ボーさん、ちょっとこれ塗って」

「お前、俺は忙しいんや」

「こっちも急いでますねん。ボーさん今ちょうど塗装してるでしょ、ついでに塗って。モノクロの写真に使うから、凝った塗装はいらんから、写真取りやすいようにメリハリだけつけて」

「モノクロ用やな？　怪獣はそんなに工夫できんから、ドライブラシかけとくぞ」

「たのんます」

ボーさんがチャッチャと塗ってくれたおかげで、真っ黒だった新ゴジにメリハリがついた。

パッケージ写真の撮影には、今池さんがカメラを貸してくれるという。

「今池さん、俺、写真撮ったことないねんけど」と言うと、今池さんはニヤリと笑って僕のほうを叩く。

「ええ機会やないか、君もこれでカメラマンデビューや」

まったくもって無責任なことばかり言う人たちだった。海洋堂イズム全開である。

写真ばかりはまったく自信がないというか、失敗しても責任を取れないと思い、半泣きになっていたら、キッさんが手伝ってくれることになった。大学で写真をやっていたらしい。キッさんは僕に、フィルム装塡の仕方から長時間露出のやり方まで教えてくれ、シリコン型作りの作業を抜けて撮影にも立ち会ってくれた。持つべきものは先輩である。僕は、キッさんに色んな迷惑と心配をかけたくせに、一つも恩を返していないのだが。

ストップウォッチで露出時間を測りながら、ゴジラを眺めていた。

原さんの怪獣に惹かれて海洋堂に出入りをはじめ、気がついたらけっこう重要な仕事を任されている。初めて量産室に招かれてペーパーがけを手伝ってから、けっこうな年月が経っているような気もする。

たかだか二年か三年くらいだけれど、ガレージキットの世界も初期とは変わってきた。

かつて海洋堂の商売敵だったゼネラルプロダクツは、ガレージキットのメーカーからまったく違った存在になろうとしている。少し前から、ゼネプロは劇場用アニメ『王立宇宙軍　オネアミスの翼』の企画を発表し、その制作母体としてガイナックスが結成された。

もともとはＯＶＡ（オリジナルビデオアニメーション）の企画としてスタートした『王立宇宙軍』だったが、企画の進行具合は荒木さんも連載を持っていた『モデルグラフィックス』で毎月紹介されていたから、傍から見ても話がどんどん大きくなっていくのがわかった。ガンプラで儲けていたバンダイがスポンサーにつき、ＹＭＯで世界的な名声を得た坂本龍一（さかもとりゅういち）が音楽を担当する。なんだか巨大なお祭りが現在進行形で行なわれている感じが、ひしひしと伝わってきた。

後にオタキングとして名を馳せるゼネプロの創始者、岡田斗司夫の機動力、プレゼン能力は、この頃から群を抜いていたのだ。しかも『王立』の監督は山賀博之（やまがひろゆき）なる二十四歳の無名の新人だという。山賀氏がゼネプロに出入りしていた大阪芸大のＯＢだというのは、誰かから聞いた。

「それって、要するにゼネプロのバイトってことやろ?」

ゼネプロに行くと、客なのか関係者なのかよくわからない若者が何人かたむろしていて、それは海洋堂のスタッフと似たようなものだったが、山賀氏が、そのたむろしていた中の一人であろうことは容易に想像できた。世の中には、そういうアマチュア活動の延長線上から、何億という制作費の映画の監督になる人もいるのだと思った。

「俺も、海洋堂ではなくゼネプロに出入りしてたら、このお祭りに参加してたんやろうか?」

そんなことを考えた。何か、色んなものが遠くなっていくような気がした。

写真撮影と並行して、箱のデザイン画を描いた。絵は相変わらずヘタだったが、この頃には版下用のラフな絵くらいは描けるようになっていたのだ。絵としての完成度は必要ないので、見た人に伝わるように描けばいい。

最初は、何体ものゴジラが横にズラズラっと並んでいるデザインを考えて、何パターンか用意し、居合わせた今池さんに見てもらった。

「却下」

一瞬で言いやがった。

テメエ殺すぞ！　とはもちろん言えないから、心の中で念じる。その時の僕がよほどイラッとした顔をしてしまったらしく、キッさんが横から助け舟を出してくれた。

「これなんか、悪くないんとちゃう？」

さすがキッさん、優しいなぁ。一生ついて行こうかと思ったけど、それは迷惑だろうな。

「全然ダメですね。いかにも素人が考えそうなタイプです」

「でも、ズラズラっと並んでたほうがインパクトあるのと違う？」

キッさんがそういうと、今池さんはため息を付いてこう言った。

「キッさん、僕はプロのデザイナーですよ」

すべてがその一言で終了した。キッさんも僕も黙るしかなかった。そもそも、今池さんの本職がデザイナーだなんて、その時まで知らなかったよ！

プロのデザイナーである今池さんのご指導ご鞭撻をありがたくうかがいながら、何度も何度もリテイクを重ねて、箱のデザインを完成させた。手を入れるたびに、デザインはシンプルなものになっていった。

「うん、これでええのと違うか」

館長やセンム、シゲちゃんたちも一応は目を通したはずなんだが、そのあたりのことは記憶にない。原詠人原型84年版ゴジラソフトビニールキットのパッケージデザインにゴーサインを出したのは今池さんなのである。この件に関しては、今池がオッケーなら海洋堂はオッケー、というような雰囲気があったのだ。何度も言うけど、今池さんは海洋堂の社員ではないしアルバイトですらない。

そんなわけで、新ゴジのソフトビニールキットにはさんざん振り回されたが、ソフビの工場からテストショットが届いた時のことは一生忘れられない。

パッケージデザインも一段落して、僕は渋谷のギャラリーで店頭に立っていた。

ギャラリーには、龍ちゃんをはじめとして東京のスタッフがいたのだけれど、なんだかんだで雑用も多く、東京に行った際には僕が接客することもあった。

海洋堂は、ボーさんを筆頭に、客商売には向かない人材の宝庫だったが、僕は大学一回生の時にカウンタースタイルのお好み焼き屋でバイトしたことがあり、接客商売が嫌いではなかったので、自分から志願して店番をしていた。

ガイナックスの『王立宇宙軍』公開の少し前だったと思う、その頃には、敵対してきた海洋堂とゼネプロの関係もかなり友好的なものになっていた。これは、ゼネプロがガイナックスに移行するに従って、ガレージキットの製造販売から手を引きつつあったのが大きい。別の職種に移行したので、敵対する必要がなくなったのだ。

『王立宇宙軍』のキャラクターを海洋堂が制作し、発売することが発表され、ガレージキット業界ではちょっとした話題になっていた。ヒロインのリイクニの原型をシゲちゃんが担当することも雑誌で告知されていた。ところが、シゲちゃんのリイクニがなかなか完成しない。シゲちゃんらしい手堅い造形で、八割がた完成していたのを間近にいた僕は見ているが、リイクニはついに完成せず、海洋堂からの王立宇宙軍キットは、幻に終わる。

同時期にシゲちゃん原型のバルタン星人も告知されていたが、これも完成せず幻となった。このあたりで、シゲちゃんは原型製作の第一線から身を引くことになり、完全に裏方に回った。本人の中では色々なものが渦巻いていたはずだが、そういう感情をあらわにする人ではなかった。この時期、僕は何度もシゲちゃんに「バルタン星人まだ?」とか「早うリイクニ作ってよ、広告出さないかんし」と文句を垂れていたけれど、本人にすればウザかったろうと思う。

ちょうど東京出張中に風邪を引いたシゲちゃんが三九度近い熱を出して、隠し部屋で寝込んでいた時だった。

東京のスタッフも忙しくて、僕がお客さんの相手をしていた。海洋堂の本店が大阪なのはお客さんたちもよく知っているから、関西弁で接客していると、本店のスタッフだと気づいたようで、新製品の発売時期などについて根掘り葉掘り訊いてくる。

その時も、居合わせたお客さんから「王立のリイクニはまだ出ないんですか？」と尋ねられて、「いや、実は原型師が熱出して寝込んでまして、もうちょっと待って下さいね」というような会話を交わしていたと思う。実際、シゲちゃんは壁一つ隔てた臭い部屋でうんうん唸っていた。

そこに、宅急便で原さんによる新ゴジのテストショットが届いたのだった。

できあがりは想像以上で、原さんの原型をかなり忠実に再現している。店の奥で開封したテストショットを店頭に持って出ると、居合わせたお客さんたちから歓声が上がった。原さん初のソフビゴジラを、今か今かと待ちかねていたのは彼らお客さんだったのだと痛感した瞬間だ。僕も多少興奮気味に、原さんの新ゴジにかける熱意などをお客さんたちに説明していた。センムのような神がかったトークはできないものの、カウンター越しの接客商売は嫌いではなかった。

少し後で、ソフトビニール工場の佐藤ビニールから電話があった。電話口の佐藤ビニールの社長さんは、恐る恐るといった口調で「テストショットですが、どうでしょうか？」と尋ねてくる。「素晴らしい出来なので、皆喜んでます！」と僕は返事をした。それくらい当時の水準を考えると満足できる完成度だったのだ。テストショットの出来にはセンムや館長も納得で、すぐさま量産の手はずが整った。

大阪に帰ると、そのソフトビニール新ゴジの説明書を書く仕事が待ちかまえていた。エイリアンの時は半完成品だったので、詳しい組み立て説明書はいらなかったが、今回のゴジラは純粋な組立キットで、パーツの数も多く、説明書が必要だった。海洋堂のキットといえば、イラストも文章も手描きコピーが標準だったが、全国の模型店で発売されるキットの説明書に手描きはない。僕はこの時、生まれて初めてワープロを使った。事務所にワープロがあったのだが、誰も使っていなかったのだ。

必要なイラストは、パーツをコピー機で直接コピーし、足りないイラストはボーさんに描いてもらった。ワープロで打ち出したテキストとイラストを貼りあわせて一枚の紙にコピーすると、それなりの組み立て説明書ができあがった。

「よっしゃ、できたで！」

ホッとした気分で息抜きにトマトジュースの缶を開けたら、汁が飛んで、できあがったばかりの説明書に赤い飛沫が散った。

「あー！」ボーさんと僕が同時に叫んだ。

「まったく、こういうツメの甘さがモドキやのう」

ボーさんにブツブツ言われながら、一からやり直した。まあ、貼りあわせてコピーするだけだから、そんなに時間はかからない。これで説明書の版下はできあがり。

大阪のホビー館で売る分にはその版下をコピーすればいいが、今回はエイリアンの時と違って、東京ギャラリーでの販売分は直接ギャラリーに送られている。

ギャラリーにはキットの中身と箱は届いているが、組立説明書だけが足りないという状態だ。

僕は、ファックスで説明書を東京に送り、「これをそっちでコピーして使ってください」とメッセージを添えた。

ところがファックスの機能がまだそんなに優れていない時代だったので、東京に届いた時点で凄く縮小されてしまった。文字は読みにくく、せっかくの写真も潰れている。東京のギャラリーで最初にゴジラのソフトビニールキットを買ってくれたお客さんのうち五〇人くらいは、きわめて読みにくい組立説明書を手にしたことになる。

ソフトビニールキットの発売には、海洋堂とガレージキットがまた一歩前進した感があった。しかし、当の原さんにとっては、実はこのソフビの新ゴジが、原型師として最後の輝きを放った瞬間だった。

ここで、ちょっと原さんの話をしたい。僕がガレージキットにのめり込んだきっかけであり、ある時期までは海洋堂の原型師を代表する存在だった人だ。

ギャラリーで新ゴジのパッケージ写真を撮影しているとき、物置と化したギャラリーで段ボール箱の中からメカゴジラを見つけた。数か月前に原さんが作ったメカゴジラの原型をレジンで複製したものだったのだが、原さんはメカゴジラのリペットが作れないから、メカゴジラの全身に打たれたリペットがない状態だった。

誰かがリベットを打って完成状態にし、キットとして発売する予定だったが、細かいリペットの彫刻は難しく、手間がかかる。手の空いている者もおらず、メカゴジラは放置されたまま商品化が止まっていた。

メカゴジラ以前の作品で、原さんがメカニコングを作ったことがある。メカニコングとは『キングコングの逆襲』に出てくるロボットで、文字通り、メカでできたキングコング。メカゴジラの先祖みたいなものである。原さんが作ったメカニコングは、当然のごとくよい出来だったが、一か所、凄い処理がなされていた。全身金属のメカニコングだが、撮影に使われた着ぐるみの肘や膝の裏側には銀色に塗った布が貼られていた。そうしないと関節部分が曲がらず、着ぐるみの中に入った役者さんが動けないからだ。これをガレージキットにする際に、布の部分をどう表現するかという問題が出てくる。

初期に発売されたゼネプロのメタルキットでは、実際に布を貼り付けるように処理されていた。ある意味、一番賢明な方法だ。ボークスがソフビで出したメカニコングのキットは、粘土の原型にヘラで筋を入れた、ぞんざいな仕上げで、海洋堂のスタッフにはかなり馬鹿にされていた。

我らが原さんがこれをどう処理したかというと、布の部分に指の腹を押し当て、擦りつけた自分の指紋を布に見えるように造形したのだった。

造形のためならなんでもやる海洋堂のスタッフ連中も、これには驚いた。

初めに気づいたのは今池さんである。今池さんは、原さんのメカニコングをしげしげと眺めてつぶやいた。

「思いついたとしても、普通はやらんよな」

原さんは、本当に天才肌という形容がふさわしい人で、作るものにはわりとムラッ気があった。本当に手と粘土が直結して造形しているような人で、気に入った素材を造形するととんでもない芸術品を創りだすかわりに、自分がのれないと、どこか空回りした作品を作ってくるのだ。

原さんの初期の作品は、あまり本物と似ていない。本来が作り物である怪獣に、本物という言葉を使うのも変だけれど、要するに、フィルムに映ったゴジラやらガラモンやらの着ぐるみの形状を再現する方向ではなかったのだ。

撮影用の着ぐるみの再現にこだわるタイプのガレージキット原型師の中には、着ぐるみの中に入っている役者の骨格まで再現しようとする向きもある。だが、海洋堂には、単なる着ぐるみの再現では模型として物足りない、というイデオロギーがあった。

着ぐるみ自体はラテックスの塊でしかないし、映像に写っている怪獣の迫力は、中に入っている着ぐるみ役者の力も大きい。それに、模型というのは本物よりも小さなものなので、頭身の比率などを微妙に変えたほうがメリハリがついて迫力のある作品になる。実際、実物を忠実に再現したとされている自動車や戦車のプラモでも、細かい部分では微妙に縮尺を変えているのだ。

原さんが初期に作った作品は、有名な初代ゴジラにしろ、キンゴジ、ラドンにしろ、映画の中の着ぐるみにはあまり似ていないが、映画を超える艶めかしさと迫力に満ちていた。ラドンなどは生物感を増すために本物より足を短く造形し、もしも本当にこんな翼竜がいたら、というコンセプトで作られていた。とにかく、造形物としての色気がある。そんな原さんの作品は、アートプラを提唱する館長の理念に合致していた。だから、原さんは初期の海洋堂を代表する原型師として、ある意味、特別なポジションにあったと思う。

ところが、ある時期から、原さんの造形が変わり始める。

引き抜き騒動があってから、正社員になった原さんは、それこそ怒濤の勢いで原型製作に専念する。毎月のように怪獣、怪人、恐竜を作るようになって、細かい部分ではどんどん達者になっていった。技術的にはただひたすら上手くなっていったのだと思う。だが、その反面、原さんの作るものが段々と着ぐるみに似てきた。つまり、オリジナリティが後退しだしたのだ。

原さんが海洋堂の原型師として活躍したのは、ほんの四年ほどの間である。その四年間に原さんは数十体の怪獣、恐竜、怪人を生み出した。その半分以上を僕は間近で見ていたから、作風の変化はすぐにわかった。そして、この変化は必然的なものだとも思った。僕自身、原型師になるような才能はなかったが、周りに大勢の才能がいた。そして彼らの作るものが微妙に変化してゆくさまも見ていた。

ある時期をきっかけに造形を辞める者もいる。

原さんの後期の作品を手に持って、僕は思った。原さんはおそらく、初期の作風には戻れないのだと。原さん自身がどう思っていたのかはわからない。

岐阜県在住の原さんは、基本的に、完成した原型を届けにくる時だけ大阪にやってくる。普段は僕らと一緒にいないので、会うと親しげに話しかけてくれるが、センムより少し歳上で、ちょっと世代の違いは感じた。口を開けば甲高い声で楽しそうに喋るのだが、年長者であるし大阪ではめったに見かけない古風なパンチパーマだったので、最初に会った時は、ちょっと怖い感じがした。

一度、原さんがあまり面識のない山下に話しかけるのを横で聞いていて、二人のジェネレーションギャップに複雑な気持ちになったことがある。二人はほぼ初対面だったと思うのだが、洋物クリーチャーを得意とする山下に気をつかいながら、原さんは怪獣の話を持ちかけたのだ。原さんは、いつでも誰とでも、怪獣の話をするのが大好きなのである。

「山ちゃんは、日本の怪獣は、あんまり好きやないの?」という原さんに、山下は素っ気なく、「そうですね～」と返事するのだが、原さんは諦めない。

「『キングコングの逆襲』に出てくるゴロザウルスは、かなり恐竜っぽいからイイんと違う?」

「ああ、あれは妙に恐竜を意識してるから、逆に好きじゃないんですよ」

「そうかー」

この時の寂しげな原さんの声が忘れられない。岐阜にいると、怪獣の話をする相手がそんなにいるわけではないので、ホビー館に来たときは、目一杯、怪獣について語り合いたかったのだと思う。

ソフビになった新ゴジを作った後、原さんはそれまでよりも小さなサイズのモスゴジ、キンゴジ、ヘドラを作った。これらは久しぶりに原さんならではのアレンジが施された躍動的な造形だったが、小さいせいもあって、全盛期のような迫力はなかった。

全盛期といっても、わずか一年くらい前の話だ。この頃には、恐竜を作るように依頼されて、あまり乗り気になれなかったのか、出来の悪いものを作ってきてボツになることもあった。没になった恐竜は、長いこと原型室に放置されていたが、確かにこれを原さんの新作として売り出すには無理があるような出来栄えだった。

表現というのは、作り手のモチベーションひとつで、こんなにも変わるものかと思った。

ガレージキット初期に活躍した原型師の中でも、イノウエアーツの井上雅夫氏と原さんの二人は本当に特別な存在で、たった数年のうちに作るべきものをすべて作り上げ、燃え尽きてしまったような印象がある。二人とも、ある時期から作品を発表しなくなり、長い沈黙の期間に突入する。

原さんはこの後、僕と前後して、海洋堂を辞める。

原さんの後期の代表作はソフトビニールで発売されたガラモンだと思うが、これは部品の数がめちゃくちゃ多く、粘土原型の分割が大変だったため、長い間、事務室の奥に放置されていた。もったいないからと、片山が、自分の仕事の合間をぬって少しずつ分割し、壊れていた尻尾を作り直して、成田亨さんの立派なイラストをパッケージに使って発売された。だが、そのキットが発売された頃には、すでに原さんは海洋堂の人間ではなかった。

海洋堂を辞めた後、原さんは名古屋のメーカーからいくつか作品を発表するが、どれも全盛期を知る者にとっては今一つ物足りない出来だった。

11
夢工場'87

一九八六年、『月刊ニュータイプ』で『ファイブスター物語』という漫画の連載が開始された。作者は、アニメのメカデザイナーとして人気を博した永野護（ながのまもる）。この作品は単なるＳＦ漫画ではなく、永野オリジナルデザインのメカを中心に据えたＳＦ年代記とでも言うべきもので、発表と同時にオタク業界では大きな話題を呼んだ。

この『ファイブスター物語』に登場する主要メカ、レッドミラージュの六〇センチモデルを、海洋堂でソフトビニールキットとして開発する話が持ち上がった。六〇センチというと、大変な大きさであり、パーツの数も膨大な代物になる。原型製作は、ガンプラ名人として知られる小田雅弘（おだまさひろ）氏。海洋堂が外部の原型師に発注するのは珍しい事例だったが、これもまた新たな挑戦の一つだった。

東京出張の際、センムやシゲちゃんと一緒に小田さんのお宅にお邪魔して、作り始めたばかりのレッドミラージュの部品を見せてもらった。シゲちゃんが、せっかくだから記念に、と小田さんから手渡されたレッドミラージュの腰の部分にペーパーがけさせてもらったのを、よく覚えている。

それと同時に、また大きな仕事が舞い込んできた。フジサンケイグループが総力を結集して開催する巨大イベント「コミュニケーションカーニバル夢工場'87」である。

東京は晴海（はるみ）の国際見本市、大阪は南港（なんこう）のインテックス大阪の二か所で同時開催されたこのイベントを、一言で説明するなら――バブル真っ盛りのテレビ局が主催した万国博覧会のようなものである。このイベントのために、アイドル夢工場なるアイドルユニットが結成されたり、任天堂が「夢工場ドキドキパニック」というゲームソフトまで開発したりと、大掛かりなメディア展開が行なわれ、当然のごとくフジテレビでは一日中、通常の番組にも絡めた宣伝活動を展開していたから、僕らも情報としてはよく知っていた。その夢工場に、海洋堂が参加する。最初は、出店して恐竜でも売るのかと思ったが、全然違った。

夢工場の目玉の一つに「ＮＩＳＳＡＮスーパーゲームＺ」というアトラクションがあった。これは超小型カメラを取り付けたラジコンカーをミニチュアの未来都市に走らせ、来客はモニターを観ながらそのラジコンを運転するというもの。ゲームに使われる筐体（きょうたい）も、ラジコンの車と同じ形態だ。つまり、バーチャルな体験として未来都市のドライブを楽しむということだ。そのスーパーゲームで使われる、未来都市の巨大なミニチュアを海洋堂が作るというのだ。

結論から言うと、これは当時の海洋堂のスペックを超える仕事だったと思う。未来都市のジオラマ自体は海洋堂の得意とする分野だが、とにかく規模が大きかった。

色々な資材が運び込まれ、スーパーゲームの企画、デザインを担当したデザイナー、イラストレーターの小林誠（こばやしまこと）さんが海洋堂にやってきた。

小林さんは一か月近く海洋堂で寝泊まりすることになった。もちろん、田熊君が寝ている二階のタコ部屋にである。我々は小林さんに同情した——小林さんも、フジサンケイグループの大きな仕事を引き受けて、まさか地獄のタコ部屋に住み込まされるとは思わなかったろうと。

未来都市にはさまざまな部品が必要なので、僕も実家の水道屋から配管部品を運んできて小林さんに見せた。足りないものは、センムの車でホームセンターまで買い出しに行く。

小林さんの指示で、巨大な板にアクリルで窓を作りつけたパーツに新聞紙でマスキングをした。マスキングの上から小林さんがエアブラシで塗料を吹きつけてゆく。単なるベニヤ板だったものが、色を塗っただけで未来都市の一部に生まれ変わった。横で見ていて、溜め息が出る。凄いなこの人、と。

しかし、東京から来た客人の凄さに驚いているだけでは、イカンのだった。こっちはこっちで、凄いところを見せなければならないのだ。

「モドキ！　ちょっと来い」

センムに呼ばれて行くと目の前に巨大な円柱があった。直径一メートル五〇、高さ二メートル数十センチ。

ジャイアント馬場よりも大きく、アンドレ・ザ・ジャイアントと同じくらいの高さだろうか。アンドレも馬場も生で見たことがあるから、目測できるのだ。ちなみに、馬場は二メートル一〇センチ、アンドレは二メートル二三センチだ。

「モドキ、お前コレの係な」

「は？」

「小林さんのデザイン見てるやろ、コレをバーっと飾りつけてな、あんな風な未来都市にするんや」

「それって、大工の仕事レベルでっせセンム」

「大工も模型も一緒や、お前、完成品作んの得意やろ」

やればできるとセンムは言う。いつものように海洋堂イズム全開である。

「せやけど、このデカいのんをまさか俺ひとりで？」

ハッさんやキッさんといった頼りになりそうな兄貴連中は、皆、自分の仕事を割り振られて、忙しそうに動いている。手伝ってくれと言ったら、「こっちが手伝ってほしいわボケ！」とドヤされるのは確実だ。まあ、主力の彼らが忙しいから僕にお鉢が回ってきたんだろうけど、まず一人でできる仕事ではない。

「村上がおるやろ……村上、おるか？　ちょっとコッチ来い！」

確かに、村上甲子夫がいた。というか、手が空いていたのですぐに走ってきた。

「お前、モドキの手伝いな。二人でコレを未来都市にせえ、その辺にあるもん、何でも適当に使うてええから」

それだけ言うと、センムはまた忙しそうに姿を消してしまった。

「モドキさん、どうしたらエエですか？」

村上の顔を見ると、所在なさげな笑みを浮べている。何をどうすればいいのかまったくわからないという表情だった。

もちろん、僕もどこから手を付けていいのかわからない。

「お前、これをどうしたらエエと思う？」

「いやー、さっぱりわかりませんわ。モドキさんの指示に従いますから、何でも言うてください」

ああそうですか。

後に中国で大きな仕事をモノにする村上だが、この時点ではまだ単なるバイトだ。

それを言うなら僕だって単なるバイトなのだけど、海洋堂歴は僕のほうが長いので、なんとなく僕のほうが上司のように振る舞うことになる。

この時点で、村上は、正社員に限りなく近いバイトで、当然のように毎日出社していた。その一方、僕は留年中の学生ということもあり、毎日海洋堂にいるわけではなく、あくまで不定期のバイトだった。

普通の企業なら、僕のほうが古株とはいえ、村上が僕に指示する立場になってもおかしくないのだが、この時代の海洋堂に普通という文字はない。正社員ではない今池さんが正社員に対してリーダーシップを振るったのと同じく、僕が村上を指導して作業を進める流れになった。

幸い、実家の水道屋を手伝う機会も多かったので、大工仕事は丸っきりの素人でもない。仕方がないので、僕は村上と一緒に、巨大な丸木の円柱の飾りつけを始めた。ただし、円柱は本当に単なる円柱だったので、普段作っているレジンキットのように接着剤で部品を貼って終了というわけにはいかない。円柱の中心を測量して、そこから均等に穴を開け、ディテールアップのためのガイドラインを作る。脚立で円柱に登り、物差しと鉛筆で印をつける。

「なんかさ、俺ら大工みたいやな」

「モドキさん、マジで大工できますよ」

「いや、別に大工さんになりたいわけではないからね」

もちろん、プロの大工ではなかったので、作業の途中で三回ほど脚立から落ちそうになった。作業場の床は固いコンクリだったから、落ちたら骨折だ。

それでもまあ、手を動かしていればそれなりに形になってゆくのが物作りの面白いところで、センムからリテイクを言い渡されたりしながらも、少しずつではあるが、単なる木の柱が未来都市の巨大なタワーに変貌していった。

もちろん、大変な思いをしているのは、僕と村上だけではなかった。当時の海洋堂スタッフ全員が、オーバースペックな作業に挑んでいた。

空き缶がぶつかり合うような音がして、そちらを見ると橋さんが、倉庫の奥から、量産で使うシリコンゴムの空き缶を山ほど抱えて出てきた。

「これ、何にすると思う？」

「わかりまへん」

「コンビナートにするんや」

橋さんも、もともとは客として海洋堂に来たのだったが、求人の張り紙があったので、自分から申し出て社員になったのだという。単なる町の模型好きだったわけだが、それにしてはジオラマ作りなどの腕が良かった。こういう人材が集ってきたからこそ、あの頃の海洋堂は無茶ができたのだ。

言い忘れていたが、夢工場の仕事に、細かい設計図はなかった。

小林さんのデザイン画があるだけで、後は我々海洋堂スタッフのセンスに委ねられていたのだ。

橋さんが適当な間隔を見積もりながらシリコンの缶を並べていくと、見慣れた空き缶が、確かにコンビナートのように見えてきた。海洋堂のスタッフは、皆、模型が好きなだけの若者たちで、特殊な職業訓練を受けた人間などいなかった。それが今、趣味のプラモデルを作る技術の延長線上で、フジサンケイグループの大きな仕事を形にしようとしている。

なんだか夢のようだった。まあ、夢工場だから夢でいいんだけれど。もっと言うと、最初は夢のような仕事だと思っていたのだけれど、作ってる途中からは悪夢になっていった。

この時期、個人的に忘れられない活躍を見せてくれたのが、ボーさんだ。ボーさんは、夢工場の仕事にえらく燃えていたようで、最初から、やる気満々だった。ボーさんは海洋堂という場所が大好きで、海洋堂でやるお祭りごとは、もっと好きなのだ。もともと、一つのことに入れ込むタイプだから、その集中力は本当に凄い。だが、あまり後先考えずに動くところがある。

「おう、モドキ、ちょっと手伝うてくれ」

ボーさんはホビー館の前に、ホームセンターで買ってきたゴム製の足拭きマットを並べていた。数が多いので、僕も手伝って並べる。

路地の奥にあったホビー館だが、建物の前には比較的広いスペースがあり、駐車場になっていた。海洋堂が入る前、倉庫として使われていた頃は、ここに何台ものトラックが来たのだと思う。大掃除の時などはそこで焚き火をして、要らないものを燃やしたりもしていた。その広いスペースに足拭きマットを敷き詰めて何をするかというと、エアブラシで一気に塗装しようというのだ。銀色に塗った足拭きマットは未来都市の壁面に使うのだ。

「全部シルバーに塗ってバーっと並べたら、誰もこれが足拭きマットとは思わんやろ」

「素晴らしいアイデアですわ。感動で涙出そうや」

「モドキ、涙やのうて鼻水垂れてるぞ」

「ああ、疲れてるねん」

アホな会話をしながら、ボーさんは買ってきた大量の塗料を混ぜあわせ、エアブラシに投入した。

「ほら、いくで」と、足拭きマットに向かってエアブラシを構えた。

だが、エアブラシから勢いよく吹き出すはずの塗料が目詰まりを起こしてしまった。

「あれ、なんで?」

ボーさんは無言でエアブラシを弄(いじ)っていたが、しばらくしてこうつぶやいた。

「俺は新たな真理を発見した。どうやら、この塗料とこの塗料を混ぜると固まるらしいわ」

「ちょ……あんた何年模型作ってますねん。塗料の種類やったら瓶の裏に書いてあるでしょうに」

「確認したつもりやったんやけどな……」

プラモデルの塗料には、単純に分けても三種類あり、別の種類の塗料を混ぜ合わせると溶剤が反応して泥のように固まる。

ボーさんがそれを知らないわけはないのだが、今回は大量に使うので、プラモデル用ではなく大工道具用の塗料を買ってきたのがミスの原因だったらしい。詰まったエアブラシはシンナーで洗浄して修理したが、新たな問題が浮上した。

銀色に塗った足拭きマットが乾かず、いつまでたってもベトベトしているのだ。

「ソフビにプラモ用塗料の銀ぬったら、ベトベトになって乾かんかったことあるけど、あれと一緒かな」

「ああ、恐らく、塗料の成分で素材のゴムの表面が微妙に溶けてるんやな」

「で、どうしますん？」

「乾くまで放っとくしかないやろ、ある程度まで乾いたら、この上から大丈夫そうな塗料を吹く」

失敗があっても、ボーさんの目は輝いていた。燃えている時のボーさんは、何があろうとも止まらないのだ。同じ塗料を、半透明のプラスティックでできた別の素材に吹きつけたら、今度はあっという間に乾いた。

「おお、これは大丈夫そうやね」

「ほら、また一歩、未来都市に近づいたやろ」

実は、全然大丈夫ではなかった。乾いた塗料は見る見るうちにひび割れが起きて、指で触るとパリパリと剝げ落ちた。

剝がれ落ちた塗料の破片を摘みながら、ボーさんは言った。

「どうやら、この素材には塗装は不可能なようやな」

「アカンやん！　どうするのコレ」

「面白いやないか、こうやって色んなデータが収集できるのは」

ボーさんの眼はまだ輝いていた。人見知り王のくせに、なんというプラス思考か。とにかく、模型に関わることなら前向きで、状況を面白がれるのだ。

こういう人がいたからこそガレージキットが生まれたのだろうと思ったけれど、その時は僕も若かったし、目の前の仕事に追われていたので、無茶なオッさんやなと思ったのも事実だ。

翌日、買い物に行く用事があったので、ボーさんに自転車を借りた。走りだしてすぐ、タイヤの空気が入っていないことに気づく。パンクしているのではなく、単純に、空気が入ってない。要するに、持ち主がメンテナンスしていないのだ。ボーさんはガリガリだから、ほとんど空気が入っていない自転車でも運転できたのかもしれない。だけど、小太りの僕が乗ると、まあ、どんなに漕いでも進まない。並の自転車なら往復三〇分くらいの距離を走るのに、小一時間かかって戻った。歩いたほうが早かったかもしれない。

「遅いなモドキ、どこで道草食うてたんや」

「ボーさんのチャリ、空気入ってないから進まんのや」

「途中で空気入れてくれたらよかったのに」

「それが、途中に自転車屋が一軒もあらへんのよ」

「先に言えよ、教えたるのに」

「いや、だからそれを先に言うてくれよ」

そして、こんなに切羽詰まった時期でも、ボーさんは夜、手が空くと自分の原型に手を入れていた。大半のスタッフが帰宅した夜半、原型室を覗くと、ボーさんが床の上で毛布にくるまって眠っている。二階に上がれば何人も泊まれる大部屋があるのに、埃っぽい仕事場の床で寝ているのだ。

流石に目を疑った。

原型室は埃だけじゃなくてプラスティックの破片やシリコンゴム、金属の破片まで散らばっている。とても人が眠る場所ではない。どうやら、二階で寝ると、本格的に熟睡してしまう恐れがあるので、毛布を引っ張りだしてきて床の上で横になったらしい。本人は仮眠のつもりだったのだろうが、疲れているから完全に意識が飛んでしまい、熟睡状態だ。もともと、顔色の良い人ではないから、床の上で埃まみれの毛布にくるまっている姿はまるで死人のようだった。

起こしたほうがいいかと思ったが、ピクリとも動かないのでそっとしておくことにした。

一時間ほど経ってボーさんがムクリと起き上がったときは、本当にゾンビのようだった。

大丈夫か、この人――と思ったが、その数日後には、作業に追われた僕自身も、ボーさんの毛布を勝手に借りて床で眠ることになった。硬い床の上で寝ると、体が痛いから早く目が醒めるのだとそのとき知った。毛羽立った毛布にはレジンや粘土の破片がこびりついており、すえた匂いがした。起きると、顔に違和感があり、頬を触るとプラスティックの欠片(かけら)がへばりついていたので、顔を洗って作業に戻った。

後にボーさんに聞いた話だけれど、海洋堂の歴史上、あの汚い原型室の床で寝たのはボーさんと僕、片山の三人だけだという。いずれにしても、最初に床で寝たのは間違いなくボーさんなので、一番狂っていたのはボーさんなのだ。我々と違って常識人のキッさんは、ちゃんと机に突っ伏して死んだように眠っていた。

バイク通勤組は夜遅くに帰って、朝になるとやってきた。バイクの人たちは遅くなっても家に帰れていいなと思っていたけれど、よく考えたら、彼らも自宅に戻ってまともに眠れる時間は数時間しかなかったはずで、やっぱり全員が無茶をしていたのだ。

バイク乗りの多い海洋堂では年がら年中誰かが事故を起こしていたのだ。一番ハードだった夢工場の最中に事故がなかったのは、今思うと奇跡に近い。皆、それだけ張り詰めて仕事をしていたのか。あんなこと、二度とできない。

未来都市が形になってくると、細かい部分の作りこみになる。ホビー館には売れ残ったプラモデルが山ほどあったので、それらの箱を開け中のパーツをバラバラにして、それらしく見えるようにレイアウトするのだ。

映画『スター・ウォーズ』のメカに、細かい部分で日本のプラモデルのパーツが使われているのは有名な話だが、それと同じことを大々的にするわけだ。

使うのがプラモデルの部品だから、我々にとっては得意分野である。海洋堂の商品も、成型不良でボツになった部品を引っ張りだして使う。

この頃になると、脳内麻薬が出てきたのか、皆の行動が変になってきていた（まあ、普段から変なんだけれど）。

誰かが、ボツになったパーツを貼りあわせ、アドリブでオリジナルのロボットを作った。それに対抗して僕も、ヘラヘラ笑いながら、原さんの怪獣の体に片山が作った『北斗の拳』のケンシロウの頭を貼り付けてオリジナルのモンスターを作った。何人かでそういうアドリブモンスターを作って見せ合い、ゲラゲラと笑った。

「おい、館長に見つかったら怒られるぞ」と一人だけまともなことを言ったのはボーさんだった。土台が狂っている人は、みんなが壊れた時にマトモになるんだなと、その時思った。シゲちゃんを見ると、普段はデスクワークのこの人が、珍しく一心不乱に工作仕事をしている。しかし、その工作が見るからに変だった。

「ちょっとシゲちゃん、何やってんの？」

「何ってお前、未来都市に決まってるだろう」

シゲちゃんは、売れ残りのプラモデルの箱から出したパーツを、そのまま針金で括り付けようとしていた。プラモデルのパーツは、ランナーと呼ばれる枝状の枠の中に並んだ状態で打ち出し成型されるが、シゲちゃんはランナーをばらさずにそのまま使おうとしている。

「いや、それはアカンでしょう。誰が見てもプラモデルてバレるで！」

「アカンかなぁ？」

自分の作品が気に入っていたのか、シゲちゃんは残念そうに首を傾げた。

「あんたも海洋堂の原型師なんやから、ちょっとはその自覚を持ってくださいよ」

「コレはコレでイイと思うんだけどなぁ」

「あー、はいはい。勝手に言うてなさい」

僕は、シゲちゃんから、作りかけのプラモデルを取り上げた。クールでドライでニヒルなシゲちゃんまで壊れるということは、我々は、今、相当混乱した状況にいるんだろうなあと思った。

最後のほうは、ヤケクソになって未来都市を作っていたと思う。

ずっと泊まり込んでいた小林さんもヘロヘロになっていた。それでもまあ、何とか期日に間に合ったらしく、完成した未来都市は運ばれていった。ハッさんたち量産のスタッフは、大阪南港の会場まで行って、現場のセッティングもした。その時も深夜までかかったという。

我々の未来都市は完成し、夢工場'87がスタートしたが、責任者であるセンムはさておき、我々スタッフは誰も夢工場の会場には行かなかった。作業を始める前は「完成したら見に行こうぜ！」と言っていたのに、いざ完成したらもう見るのも嫌なくらい疲れきっていたのだ。

我々は、自分たちが作った未来都市にラジコンカーが走るさまを見ていないというわけだ。

12
さようなら海洋堂

実は、その頃、僕はもうひとつ大きな仕事を抱えていた。海洋堂の歴代全商品を紹介する総合カタログを作るというものだった。この時点で相当な数のオリジナル商品をリリースしていたが、海洋堂にはカタログというものがなかったのである。シゲちゃんが毎月の広告に忙殺されていたので、作る人がいなかったのだ。

海洋堂の総合カタログとなると、ガレージキットの本当の初期から最新の商品までを網羅しなければならない。初期に比べると原型師の数も増え、毎月大量の新製品をリリースしていたから、キットの総数は増えていく一方だ。

もちろん、総合カタログはあったほうがいいのだが、これがもう、手がけてみると大変な仕事だった。

怪獣、恐竜、美少女フィギュア、ロボット……と分類別に分けてゆくのだが、どうしてもバラつきがあり、上手く全体をまとめられない。その上、この頃には、伊達政宗や、館長が大好きな坂本龍馬のフィギュアなんかも作っていたので、分類はさらにややこしくなっていた。

余談だけれど、歴史群像シリーズと銘打って発表した歴史もののフィギュアは、この時点では全然売れなかった。

坂本龍馬を出荷する際、片山がパッケージの商品名のところに手描きで「板本竜馬」と書いてしまったのだけれど、板本のまま店頭に並べても別に問題にならなかったんじゃないかと思うくらい反響はなかった。館長自身はやる気満々だっただけに、「坂本龍馬」が売れないのは辛かった。歴史群像シリーズと名づけたのは僕だったので、ちょっとばかし責任を感じてもいたのだ。

ただ、海洋堂はこのシリーズをいったん中断した後、二〇年以上経ってから、セブンイレブン限定の食玩で、「坂本龍馬——その生涯の軌跡」と銘打ったフィギュアのシリーズを展開する。ちょうどNHKの大河ドラマで『龍馬伝』が放映されたタイミングだったから、今度こそ海洋堂の龍馬が日本中に並んだわけだ。コンビニの店頭でこれを見かけたときは、館長の執念がついに実ったのかと、思わずため息が出た。

総合カタログ作りは、遅々として進まなかった。

よく考えてみたら、毎月の広告は一媒体につき一ページだ。何十ページにも及ぶカタログを、僕のような素人が作成するのは無茶だった。何度も何度もやり直し、それでも上手く作れない。

良い物を作る力はなかったが、今自分が作っているカタログが良くない出来栄えなのは自分でもわかる。

ホビー館にいるとどうしても模型仕事で時間が割かれるので家に持って帰って作業をしたのだが、これも、結果的には良くなかった。量産の人間は毎朝出社して仕事をしているのに、モドキだけ家で仕事してる、というわけである。

折しも、小田さんのレッドミラージュが佳境に入っていた。小田さんは泊まりこみで全体を指揮し、膨大な数のパーツをスタッフが手分けして仕上げに入っていた。僕もレッドミラージュのパーツをペーパーがけしていた。どこの部分かはわからない。磨いているうちに、形状がわからなくなったので、横にいたハッさんに聞いてみた。

「ハッさん、これ大丈夫かな?」

「いや、明らかに磨きすぎやと思う」

「あら、どないしょう」

「ただ、小田さんもかなり疲れてはるから、これでオッケー出すかもしれんな」

「それも問題やな」

磨きすぎと言われたパーツにパテを盛ってさらに磨いた。

今にして思えば、夢工場のあたりから、ゴールの見えない状態が続いていた。

家に帰るとカタログの材料を広げた。作業の途中、気が遠くなって意識を失い、眼が覚めたら、カタログにヨダレを垂らしていたこともある。最後のほうは投げやりになって、とりあえず形にして提出したんだと思う。その後、二〜三日は海洋堂に行かなかった。

そして次に顔を出したとき、常務にカタログのことでキツいことを言われた。時間をかけたのに使えない。それにモドキだけ家で仕事してくるから他の者に示しがつかない、というようなことだった。

常務の言うことはもっともだった。僕は振られた仕事を完遂できなかったし、家に仕事を持ち帰ったから、量産の皆とも足並みが揃わなくなった。

シゲちゃんのように、量産にはほとんど関わらず、デスクワークに専念しておれば良かったのだけれど、もともとが完成品作りから量産のバイトという流れで合流しただけに、線引きが上手くできなかった。

そしてなによりも、センムたちの期待に応えられなかった、という思いがあった。カタログが作れなかったと自覚したとき、僕は、海洋堂を辞める決意をした。

その件に関して、センムやシゲちゃんは何も言わなかった。海洋堂のスタッフは、社員やバイトというよりも、全員が身内感覚だ。身内にキツいことを言う役を常務がしてくれたのだと思う。

僕自身はというと、大学を五年で中退する事が決定していた。卒業するにしろ中退するにしろ、大学を離れるつもりだったので、センムからも「モドキはそのまま社員になるやろ」と言われていた。

だけど、次の給料日、僕は海洋堂へ行かなかった。

思い起こせば、その前後に大勢の古株が海洋堂を去っている。

僕より古株で、原型製作に原稿執筆、そして館長のアメリカ渡航の際には通訳まで務めたヤマもっちんが、その少し前にいなくなった。ヤマもっちんは、後にライターとして海洋堂に出入りするようになる。

量産のバイト連中も、学生は卒業すれば社会へ出るし、学生生活が忙しくなったりで、自然と疎遠になる者は多かった。逆に言うと、僕は深入りしすぎたのかもしれない。

そして、僕が一番好きだった原型師の原さんも、作風の変化もあって、僕が辞めた数か月後に海洋堂を去っている。

大学の後輩だった山下が海洋堂を辞めたのも、その少し後だ。

量産で袋詰をしていたA君も、少し後で辞めた。この人は、ボーさんらと同じくらいの古株だったが、人間関係でいろいろあって、たまに癇癪を起こして倉庫の奥の壁を殴り、大きな穴を開けたりしていた。仕事の途中で、倉庫の奥からドカンという音が聞こえる事がしばしばあった。

「あ、またA君が壁に穴開けたな」

倉庫を担当していたマエダちんが、苦笑いする。マエダちんは長身で男前でナイスガイという、海洋堂には珍しい人材だった。でも、あだ名はマエダちん。この、物静かな男は、ホビー館の奥の倉庫で一人、自作のダンバインにペーパーがけをしていた。A君とは親しかったマエダちんも、彼が海洋堂の軌道から離れていくのを止めることはできなかった。

辞めたのは僕が先だけれど、A君はいずれいなくなるだろうと思っていた。

海洋堂という場は、なんとなく学校のような面があって、居づらくなった人間は自然に中退するのだ。

片山によると、まさに僕が辞めた前後で、けっこうな人の出入りがあり、面子が変わったので、自然と空気も変わったという。

とにかく、人の出入りは激しかった。だから僕が姿を消したときも、センムらは深く追求はしなかった。

海洋堂からの連絡はなく、そのまま二年くらいの月日が過ぎた。

僕は大学を中退したあと、稼業の水道屋を手伝っていた。そこに突然、片山から電話がかかってきた。かつてと同じく、弾んだ声だった。

「モドキさん、元気ですか? 連絡先がわからんで、水道屋なのは知ってたから、カシハラっていう水道屋、電話帳で探して、片っ端から電話かけとったんです」

話を聞けば、ついにホビー館のタコ部屋を出て、一人暮らしを始めるという。片山独立の記念というわけではないが、ホビー館で鍋の宴会をやるから来てくれないかというものだった。

「俺、途中で仕事放り出して辞めたけど、行ってもええのんか」

「大丈夫ですよ! そんな人、大勢いますから」

実際、いったん辞めてから出戻ろうとする人間も多かったのは事実だ。

というわけで、数年ぶりにホビー館へと足を運んだ。

店舗だった部分のショーケースを動かして宴会場にし、すき焼きのパーティーが行なわれていた。見知らぬ顔ぶれもいたが、ほとんどは知っている人ばかりで、久しぶりに会ったというのに、昔と変わらぬ態度で接してくれた。

僕の顔を見るなりセンムは、「モドキか、お前、今、何やってんねん」と聞いてきた。「家（の仕事を）やってます」「家やってんのか、そら大変やな。生身の人間が家やってんのか、木造か、プレハブか、どっちにしても、まあ頑張れや」で会話は終了した。あとは本当に以前と変わらない空気で、多少は儲かりはじめていたのか、僕がいた頃には、決して食べられなかったような牛肉をたらふく食った。

シゲちゃんを見ると、「シラタキと肉をくっつけたらシラタキの成分で肉が硬くなる」などと、鍋奉行をやっている。そしてボーさんは、シラタキの横に肉をガンガン投入していた。

変わらんなぁ、この人ら。

宴の後は、数人で片山の新居にお邪魔した。「僕は前から、こういうことをしたかったんですよ」。苦節数年、ついに独立した片山は大はしゃぎで、仲間たちと麻雀を始めた。麻雀は元々好きだったそうだが、海洋堂に住み込んでいる間はできなかったのだ。

ホビー館二階のタコ部屋でトランプばかりしていた頃を思い出した。麻雀ができない僕は片山に、宴会に呼んでくれた礼を言い、彼の新居を後にした。

駅の近くまでキッさんが送ってくれた。最後まで、いい先輩だった。その数年後にはキッさんも海洋堂を去り、今は誰も消息を知らない。

その帰り道で思った——。

皆は暖かく迎えてくれたけれど、海洋堂に来るのは、本当にこれが最後かもしれない。

当初は憧れていた原型師にもなれず、宣伝部の仕事も放り出して海洋堂から逃げた僕は、何者でもなかった。

少なくとも、何者かになれる日までは、二度と海洋堂の敷居をまたぐまいと思った。

エピローグ

結局、最後に訪問してから二〇年くらいたって、ようやく僕は海洋堂に戻ってきたわけだ。

かつて何者でもなかったモドキは、脚本家になり、映画監督になっていた。まだ全然偉い監督ではないけれど、一応何者かにはなれたということで、ようやく懐かしい人達と会える気持ちになれたのだ（実情は、映画の前売りを買ってもらいたいからだったけどね）。

冒頭で書いたように、センムも、シゲちゃんも、ボーさんも、寺岡も、まったく変わっていなかった。頼りになる兄貴だったハッさんは、あいかわらず頼もしい。センムが言うように、我々はあの時代に魔法をかけられて、その魔法はまだ解けていないようだ。

センムは、模型屋の兄ちゃんから文化人になり、昔と同じく、あちこちでイベントを仕掛けながら、講演会なども開いているし、最近は僕が中退した大阪芸術大学で教授を務めているという。

八面六臂の活躍だ。

シゲちゃんは相変わらず、口を開くとボヤいている。この人は何度も何度も海洋堂を辞めると言いつつ、ついに四半世紀を超えて、いまだにゲッベルスをやっている。

そして、ボーさん！　吸血鬼じゃないかと思うくらい歳を取っていないボーさん。村上隆プロデュースにより、ニューヨークやパリでアーティストとして認められたボーさんだが、最近は、京都造形芸術大学でフィギュア科の講師をやっているという。初対面の女の人と挨拶もできなかった人が、生徒たちを相手にどんな授業を行なっているのか、古い知り合いとしては心配のほうが先に立つけど、楽しみでもある。あの人の教え子から、とんでもない造形家が生まれるような気もするのだ。一番変わってない人が、一番出世したのだ。運命とはここまでおかしなものか。

笑うてしまうよ、ボーさん。

「あのな、モドキ、海洋堂も、今は昔とは違うんやで」

懐かしい話をしているあいだ、センムは何度も僕に言った。

「もう、昔ほど狂うてへんから」

そうか、やっぱり、あの頃は狂っていたんだ。

海洋堂は今も躍進中だ。食玩やアクションフィギュアで世間を唸らせ、世界的な知名度のある企業となった。本人たちは昔と違ってマトモになったようなことを言ってるけれど、センムの眼は昔と変わらず輝いてるし、シゲちゃんのボヤキは加齢によりねちっこくなっているし、何よりもボーさんは相変わらず好きなものしか作っていない。

寺岡は、まったく変わらずニコニコしながら手を動かしている。タコ部屋から抜けだして実家に戻った田熊君も、自宅で原型を作り続けている。ハッさんも、昔と同じ仕事をしており、工房では重鎮だ。村上は、その後海洋堂を離れ、自分のメーカーを立ち上げたと聞く。荒木さんは、恐竜造形の第一人者として、博物館の展示品を手がけたり、子供たちを相手に造形教室を開いたりと、精力的に活躍している。速水さんは、阪神大震災で大きな被害を受けた神戸の新長田に、実物大の「鉄人28号」モニュメントの原型を制作した。

島根に帰った片山は、瓦職人になっていた。今の職場で、瓦のガンダムを作ったりしているというから、ある意味昔と変わっていない。山下もアーティストとして活動を続けている。

ヤマもっちん、銀ヘルらとはSNSで再会できた。ヤマもっちんは、模型業界と深く関わりながらライターをしている。銀ヘルは、無事に医者になった模様。驚くべきことに、海洋堂から離れた人間も、まだ何らかの形で模型を作り続けている。僕自身、暇があると百円ショップの粘土を買ってきて、ジャミラを作ったりしてしまう。若い頃にかけられた魔法は死ぬまで解けないのだ。

そして、愛すべき我らが頑固親父、八十五歳になる宮脇修館長は、つい先日、長年に渡る活動を認められ、文化庁長官から表彰されることになった。本当に、アートプラが国から認められてしまったのだ。

もちろん、行方の分からない人も大勢いるし、顔は覚えているけれど名前が思い出せない人もいる。そういう人たちとも、生きていればいつかまた会えるかもしれない。
今、ガレージキットというムーブメントは、ごく狭い範囲での大人の趣味として生き残り、もはや大きな動きはないが、フィギュアという文化は日本中に定着し、海外にも広まっている。これは、恐竜が鳥類になったようなものだと思う。滅びてはいない、ただ変化しただけだ。

少し前に、シゲちゃんと電話をした。当然、昔の話になる。あの頃は、原型師の連中が天才に見えたと僕が言うと、シゲちゃんが「いや、それがな」とこちらの言葉を遮った。「最近になって、思ったんだけど、実は造形なんてものは、誰にでもできることで、天才なんか一人もいなかったんじゃないかと思うんだよな」「いやしかし、誰か新しい奴が出てくる度に、才能の輝きみたいなものはあったでしょ」「それはなぁ、後から集まってきた連中は、先に作られた作品を観てるわけだしさ」「確かに、山下や片山みたいな、少し後の世代が、いきなりできの良い作品を作ってきたのは、最初期の作品を見て、お手本にしたからではあるね。ほんの数年でも、スタート地点が違う。初期のメンバーにはお手本がなかったから、ゼロから作った」「あの頃は、驚くほど短期間に、あまりにも多くの出来事が起こってたからな。色んな事が同時多発的に」「うん」「もともと海洋堂にいたのは、近所の人間ばかりだろ。あんな狭い町に、何人も才能のある奴がいるって、おかしいだろ、常識で考えてさ、ありえないって」「今頃、そんなことを言われてもなあ。……イギリスの、リバプールには、ビートルズのメンバーがいたわけですし」「でもさ、昔っからいたメンバーで、本当に天才といえるような奴がいたと思うか？」

そう言われて、ちょっと困った。「まあねえ、考えてみたら、ボーさんは典型的な努力型やし、安良さんを天才というのは違うわなぁ。あれは器用な人で天才ではないわ。荒木さんは天才というより達人やし」「だろ。いなかったんだよ天才なんて」「……今池さんは？」僕が言うと、シゲちゃんは少しの間、電話の向こうで黙りこんでいたが、やがて、古い記憶を、ゆっくりと絞りだすように喋り始めた。「あの人は……その時点ではまだ、誰も作れていないものが、見えてたな。一人だけ、ガレージキットが、将来的に到達すべきビジョンが……わかってた」「やっぱり、今池さんか……」「うん、彼が見ていたものは、他の誰にも見えてなかったと思う。まだ、この世に存在してないものが見えるというのは、凄いな」

それに気づいていたあんたも、大したものだと思いますよ。心の中でそう呟いて電話を切った。

彼らと過ごした記憶は僕の財産である。

その後の「海洋堂創世記」

ちょうど十年前にこの本を出したとき、心から喜んでくれたのが、なんと宮脇館長だった。自らも著作のある館長はもともとが文学青年だから、海洋堂は昔から他の模型店では考えられないほど出版物が多かったわけであるし、息子のセンムにも著作はある。今や有名になった海洋堂を取り上げる出版物は山ほどあるが、館長から見て門弟のような立場であった若者が歳月を経て海洋堂の物語を書いたことを、ことのほか喜んでいただけたようだ。

この辺で、大昔に逃げ出したバイトだったはずの僕、モドキの立ち位置が微妙に変化する。今現在、海洋堂で働いている人たちから見ると、自分がいる会社の歴史の本を書いた人になってしまったのである。というわけで、本を出した数か月後に一枚の葉書が来た。これがなんと、海洋堂創業五十周年記念パーティーの招待状である。場所はというと大阪のヒルトンホテルだ。

ホテルの一角には、お祝いの花束が文字通り山のようにあって、まるで植物園のようだ。花々が咲き誇るジャングルの谷間に「受付」という文字を見つけた瞬間、海洋堂から逃げ出したときの記憶がフラッシュバックした。そうなのだ、モドキという奴は、かつて海洋堂の仕事から逃げ出した凡庸で無能な使えないバイトでしかないのだ。とはいえ招待状が送られてきたのは事実なので、ここで逃げるわけにもいかない。

「す、すみません、樫原と申します」と受付の女性に告げると、「はい、存じ上げております」と言われて、一枚の紙を手渡された。見ると、自分が座る席がわかるようになっている。六人ほどが座れる円形のテーブルが配置されており、僕と同じテーブルにはBOME、田熊勝夫、石田龍太郎、そして寺岡邦明といった懐かしい名前が並んでおり、隣のテーブルにはシゲちゃんの名前がある。海洋堂の半世紀にわたる歴史のなかで関わった人は星の数ほどいるわけだが、このときのテーブル配置はかなり配慮されたもので、今の海洋堂には優秀な人がいるのだなと思った。

受付の横に田熊くんや橋さんらの懐かしい顔が見え、その横には小柄で人の良さそうな男性がいた。

「モドキ、この人知ってるか？　ママさんの息子さんなんやで」と橋さんから紹介されたのが西坂克也さん、海洋堂では通称かっちゃんだった。実はこの人こそが、本当の意味での海洋堂の創世記に欠かせない人だったのである。僕が初めて海洋堂ホビー館に行った頃、ショーウィンドウには怪獣だけではなくて凄い出来栄えのメカの模型もたくさん並んでいたものである。特に見事だったのがスタンリー・キューブリック監督の映画『2001年宇宙の旅』に登場するディスカバリー号やオリオン号の模型だった。メカ音痴な僕から見ても、その頃に飾られていたディスカバリー号の模型は立派な作品だったが、ママさんの息子さんである西坂のかっちゃんこそが、そのディスカバリー号の作者だったのだ。海洋堂にいた頃、メカ物のモデリングでは凄い腕の人が昔いたのだという話は聞いてはいたが、その幻のメカの名人がどういう人で、何故に海洋堂から離れたのかといった経緯はまったく知らなかった。宮脇センムの二つ年下にあたるかっちゃんは小学生の頃から海洋堂に出入りをしていた。センムはというと、十二歳になる頃には町の模型店である海洋堂の店番をやっていたと聞く。と、考えると、この二人こそは竹馬の友ではないか。センムとかっちゃんでフリーダムな模型の空間を使ったら、そこにボーメ少年や安良少年が集まってきて、いつも若者たちがわらわらと集まっている海洋堂になったのだ。かっちゃんは海洋堂の最初のガレージキットであるオートジャイロの原型を手がけた後、就職で大阪を離れ海洋堂からも疎遠になってしまったのだが、なんと二〇〇六年に高知県立美術館で開催された『造形集団　海洋堂の軌跡』展でセンムと再開したのだった。

僕が席についてすぐに、巨漢で禿頭のジャバ・ザ・ハットのような人が現われて僕の横の席に座り、「やあ、本読みましたよ」と言う。相手が誰なのかわからなくて、三秒くらい脳が停止したけれども、それが誰なのかわかった瞬間に懐かしさが込み上げてきた。「龍ちゃん！　久しぶりです！」

海洋堂、東京ギャラリーの初代店長、石田龍太郎さんである。

「モドキさん久しぶり！　サインちょうだい」と、少し離れた席にいた荒木さんが『海洋堂創世記』を片手にやってきた。

「荒木さん、俺のサインなんか、何の値打ちもないでっせ」

「だってミーハーやもん！　そんでな、この本を映画化するときは、僕の役は速水もこみちでお願いします」これこれ、この軽いノリが懐かしい。八〇年代の大阪の学生の会話。僕がサインをしている間、荒木さんがポツリと呟いた。「読ませてもろたけど、やっぱり今池さんやね。あの人に作品を見られるときは緊張したわ」

本書を出した少し後でボーさんと、こんな話をした……「俺にとっては、今池さんとシゲちゃん、そんでボーさんが海洋堂三銃士なんよ」「いやモドキよ、それは違うんや。今池さんとシゲちゃんと安良さん、この三人が海洋堂三銃士なんや」「あー、それはわかるけど、それやったらボーさんがダルタニャンになるやんけ」「いや、ダルタニャンは片山やねん」これまた説得力のある言葉だった。島根の田舎から大都会にやってきた片山は、確かにガスコーニュからやってきた、剣の腕は確かだけれども軽率で愛すべきダルタニャンのようだった。

記念すべき海洋堂創業五十周年の席に三銃士のうち今池さんと安良さんの姿はない。今池さんに関しては本人の意志だから尊重するしかないが、安良さんのほうは行方不明だった。

安良さんに関しては、センムとも話をした……「今池さんとシゲちゃんは、作品があるから名前が残りますやん。せやけど、安良さんは作品がないから名前が残らんのは、ちょっと寂しいねぇ」「せやねん、あいつだけ残らへんねん」

隣のテーブルにシゲちゃんがいた。

「モドキの本、読んだけどさ、俺はあの頃はそんなにはブラックじゃなかったぞ」と、僕が逃げ出した後に、真っ黒なゲッベルスになったことは否定しなかった。

この時点で海洋堂は館長の故郷である高知に「海洋堂ホビー館四万十」を開館していたから、式典には高知県知事や国会議員までいた。相変わらず雄弁なセンムの司会っぷりを眺めながらフランス料理を食べることになった。いやはや、海洋堂でフレンチをいただく日が来ようとは夢にも思わなかった。

同じヒルトンのなかで会場を変えて二次会になり、仕事を終えた銀ヘルが駆けつけた。銀ヘルは僕の顔を見るなり「読んだぞ、よう書いたな」と言う。

「いやまあ、こういう本を俺が書いてよいもんなのかとは悩んだんやけどな」

「いや、よかったよ。あの本を書いたことがモドキの里帰りやて」

聞けば銀ヘルも海洋堂が企業としての形を成す過程で、門真に顔を出す機会がめっきり減ったのだという。海洋堂本社は同じ門真市のなかで移転して、今は店舗を別にしたので普段は一般客は入れない。このままではいかんと思った銀ヘルは、昔なじみの島田ちんたちに声をかけてジロー模型という個人メーカーを設立し、木製の飛行機模型やフィギュアをリリースするようになり、毎年冬と夏のワンフェスにも参加するようにしているのだと。

ワンダーフェスティバル、通称ワンフェスは八四年にゼネプロが始めたガレージキットの祭典で、九一年にゼネプロから海洋堂へと全権譲渡された。これはもちろん、ゼネプロがゲームやアニメを制作するための会社であるガイナックスの活動に専念するためだったけれども、これにて八〇年代から続いていた海洋堂とゼネプロの抗争は手打ちとなったわけである。

なので僕もワンフェスに行くと、とりあえずジロー模型のブースに顔を出す。ジロー模型で再会した島田ちんは、僕のことははっきりとは覚えていないねん、と言う。

「せやけどな、センムが、おいモドキ！　て言うてたのは、なんとなく覚えてるねんわ」まあ、そんなもんである。ジロー模型では、お互いになんとなく記憶にあるけれど、いまひとつ呼び名と顔が一致しないような人たちとも再会することになった。

「出野（いでの）さんて、説明書を書いてはった人ですよね？」

「そうです。センムが僕の名前を略して、出ーっ！　おいこら出ー！　て呼んでました」

「ああ、それ、なんとなく覚えてますわ」と、お互いにうろ覚えの古い仲間同士で笑いあう。ワンフェスの会場で会う海洋堂の、今の社員たちも僕のことはモドキさんと呼ぶ。そう、海洋堂において僕は永遠にモドキなのです。

この年の十月、僕の iPhone に見覚えのない番号から着信があった。

「岐阜の原です！」

なんと、怪獣造形の原さんだった。今も岐阜にいる原さんは、近所の本屋で『海洋堂創世記』を見つけ、自分の写真が載っているので迷わず購入し、白水社に電話をして僕の連絡先を聞いたのだった。

「あんた！　よう覚えてるなぁ！　よう書いたなあ！」原さんは、僕個人のことは覚えていないという。そりゃそうだ、あの頃の僕は海洋堂に大勢いた雑兵の一人でしかない。

「あの頃の俺はなぁ！　造形師と持ち上げられて、天狗になっとった！　本当に偉かったのは、クーラーもないあんなところで（昔の海洋堂が『蟹工船』級に過酷な環境であったことに関しては、当時の関係者のほぼ全員が認めている）黙々と働いてたあんたらや！」相変わらず声は大きかった。何も変わっていない原さんに自分の本が届いたことが嬉しかった。

「最近はもう、目がつらいから、昔みたいな小さい怪獣は作れんのよ」

原さんと電話で話したことで『海洋堂創世記』のなかでも重要な位置を占める原詠人という物語に、一旦区切りがついた気がした。

そして、二〇一六年――。僕はセンムと銀ヘルがSNSに投稿した記事で、安良ひろちかさんが亡くなったことを知る。

初期の海洋堂のコアの一人でありながら、性格に問題があって何度も周囲の人たちと揉めては海洋堂を離れ、また数年経つと海洋堂に復帰するという行動を繰り返していた安良さんは、亡くなる二年ほど前に地下鉄で旧知のスタッフと出会い、通算で十何回目かの海洋堂復帰を果たして、食品玩具の銀閣寺の原型を作ったばかりだった。その安良さんがアパートで孤独死しているのが発見されたのである。それ以前から糖尿病を患っていたそうで、どうやら風呂にも入らず体を拭いている途中で心筋梗塞にでもなったらしい。

もちろん安良さんにも実家はあり、実のお兄さんがいたのだが、そのお兄さんとも二十年以上連絡が途絶えていたと聞く。晩年の安良さんは一時期は解体屋に住み込みで働き、経営者である人の良いご夫婦の世話になっていたのだと。お兄さんとしては火葬だけで済まして、いわゆる葬式はやらないつもりだったが、センムが手を回して小さな斎場を用意しお坊さんを呼んだのだと。色んな人に知れたら、海洋堂の顔で花を出したいという人も出るだろうから、センムはそれを避けたくて、すべてを内密に手配したのだと、後から銀ヘルが教えてくれた。

葬儀を含めた一式がすべて終わった後でセンムがSNSにアップした写真を見ると、センムに銀ヘル、かっちゃん、半世紀前からのお客で今は社員の上田忠明（凄腕のミリタリーモデラーである）、僕より下の世代だが故人とは縁の深い加藤蓮、そして寺岡とボーさんといった顔ぶれが、何とも言いようのない表情で静かな笑みを浮かべている。センムが動かなかったら、本当の意味での無縁仏になっていた可能性もある。安良さんの長所も短所も知っている古い仲間たちだけで葬儀を行なえたのが何よりの供養となった。

その六年後の、二〇二二年の十二月——。美少女キャラクターフィギュアというジャンルを切り拓いた功績を評価されたボーさんが、文化庁長官から表彰されることになった。先に宮脇館長が文化庁メディア芸術祭功労賞を受賞しているから、海洋堂では二人目の快挙である。

ボーさんは受賞の言葉で安良さんの名前を出していた。その気持ちは痛いほどわかる。大阪の安アパートで孤独死した一人の男がいなかったら、今回の受賞はなかったのだと言いたいのだ。

その直後の冬のワンフェスで、僕は久しぶりにボーさんに会いに行った。ボーさんは、自分のブースでひっきりなしに訪れる人たちの相手をしていた。

「おう、なんか都倉俊一（時の文化庁長官である）から表彰されたんやて?」

「お前な、表彰言うても、紙切れ一枚もらっただけやぞ」

「賞金とかないんか?」

「あれへんわ!」とりあえず、二人して笑った。

「しかしまあ、ボーさんもいっぱしの文化人やねぇ……」

「何が文化人や、そんなもんになりたいと思ったことなんかないわ」

「せやけど、安良さんには報告したりぃや」と僕が言うと、ボーさんは一瞬沈黙した後でこう言った。

「安良さんに言うたら……なんでこんなもん、もらったぁん?　て言うやろなぁ……」

「言うやろな」その光景は容易に想像できた。基本的なメンタリティがまるっきり小学生の安良さんには、文化庁とかアカデミズムといった概念が理解できるとは思えない。

「俺はなぁ、安良さんから、あれやこれやと教えてもらったわけやないねん」それは知っている。塗装方法とかで安良さんは画期的な方法をいくつも編み出していた。たとえば、キングギドラを塗装する場合、金色で塗るよりは銀色に塗ってからクリアイエローを重ね塗りしたほうが鮮やかに見える。安良さんのこういったアイデアを、すぐ近くにいたボーさんが見ていたから、細かい技術がさらに下の世代へと受け継がれるのだ。

僕もボーさんと親しくなっていなかったら、安良さんのことをトラブルメイカーとしか思えなかっただろう。海洋堂三銃士のうち、今池さんとシゲちゃんは圧倒的に知性派だったから僕にも理解できたのだが、安良さんは野生の動物だった。今池さん、シゲちゃんのような理論派ではなく、愚直に自分の造形を模索し続けたボーさんと、すべてを見守っていたセンムこそが異端の鬼才にして問題児であった安良さんの良き理解者だったのだ。

「俺もまた、新しい本を出すからね、せいぜい文化人させてもらいますわ」

「そうか、お前が新しい本を出すんなら焚きつけに使わせてもらうわ。さぞかし燃えるやろ」

「アンタ！　そういうところはまったく成長しとらんな！」と僕が言うと、ボーさんはケタケタと笑った。このワンフェスには何万人という人が参加しており、著名人であるボーさんを知っている人が何万人といるわけだが、アホ、ボケ、カスといった子供のような罵倒で会話ができるのは、ボーさん、銀ヘル、センムに僕といった昔の仲間だけなのだ……。

そして最後は、あの人の話になる。

二〇二〇年の春先、テレビ愛知から突然電話がかかってきた。なんと、テレビ愛知で原詠人さんのドキュメンタリー番組を製作中で、番組のなかでは僕の本も紹介されるのだという。驚きである。原さんはまだ燃え尽きてはいなかったのだ。ネットで調べたら、原さんは数年前から新聞紙で実物大の怪獣の着ぐるみの模型を作っており、地元のカフェなどで個展を開いていた。僕と電話で話したときは、目が悪いからもう小さな模型を作るのは難しいと言っていたのだけれども、それならばと巨大な模型を作ることにしたのだった。この年の三月に放映された原さんのドキュメンタリー「KAIJU殿下　伝説の原型師、再進撃ス」では岐阜の自宅のなかで二メートルを超える新聞紙のゴジラを作っていた。原さんは、パンチパーマではなくなったけれど、それ以外はまったく変わっていなかった。

この本を書いたことで、何人もの現役の造形作家たちと知り合うことになった。それでわかったのだが、今のワンフェスに参加している造形家、原型師たちのなかに原さんを尊敬しているという人が何人もいたのである。彼らの多くは少年時代に原さんの作品に触れて衝撃を受け、自らも造形の道に進んだのだった。子供の頃に原さんの84年版ゴジラのソフビキットと出会って人生が変わったという人もいる。そのキットの箱をデザインした僕としては、えらく光栄な話である。いつか、原さんを尊敬する若手の造形作家たちを、岐阜にいる原さんに紹介する機会があれば良いのだけれど、と考えてはいたのだが……。

二〇二四年六月二十二日、僕はＳＮＳで思いがけない記事を発見した。「伝説の怪獣原型師、原詠人、怪獣トークショー」が、明日、渋谷東急プラザで行なわれるという。

「え？　明日、原さんが渋谷に来るのか！」思わず声が出た。これは行かねばなるまい。最後に顔を合わせたのがいつなのかは覚えていないが、少なくとも三七年ぶりである。

会場に現われた原さんは、やはりまったく変わっていなかった。一応、司会者はいたのだが、原さんは話し始めるとすぐに立ち上がり、身振り手振りを交えて、まるで野生の獅子舞のように動き、怪獣を、そして造形を熱く語る。しかも、声が大きいからマイクを使わない。イベントの最後に、原さんが描いたゴジラの絵が登場した。

「今から、原さんと皆さんでジャンケンバトルをやって、勝ち残った人にこのゴジラの絵をプレゼントします！　……それでは、最初はグー！　ジャンケンポイ！」を何度か繰り返し、勝ち残ったのは……僕だった。

最初は、イベントが終わった後で、こっそりと原さんに挨拶だけして帰るつもりだったが、そういうわけにもいかなくなってしまった。壇上に呼ばれた僕は、声をつまらせながら自分が何者であるかを名乗った。

「原さん！　お久しぶりです！　僕、モドキです。『海洋堂創世記』を書いた樫原です」原さんの顔が、一瞬は呆然とした後でくしゃくしゃに歪んだ。

「え？　来てくれたんか！」

「僕が、このゴジラの絵をもらってもいいんですかね？」

「何を言うねん！　一番もらってほしい人が来てくれたわ！」原さんの目に涙が浮かぶ。

イベントが終わった後、明くる七月の二十三日から二十八日まで、同じ場所で原さんの新聞造形の展示会が行なわれることを聞いた。最終日の二十八日といえば幕張メッセでワンフェスが行なわれる日ではないか。しかも、今回は東宝特撮ワンフェスと銘打って原さんとは縁の深い84年版のゴジラがポスターアートに使われ、原さん原型の84年版ゴジラのソフビキットが復刻販売される。これはもう、なんとかして原さんをワンフェスに連れて行くしかない。

DMでセンムに原さんと再会したこと、そしてワンフェスに招待したいという旨を伝えた。もちろん銀ヘルたちにも連絡した。そして、七月二十三日から原さんの個展が始まった。二十七日と二十八日には僕と、古い友人のデザイナーにして特撮マニアのほうとうひろしさんが原さんのお相手をしての、トークショーを開くことになった。

二十三日から始まった『伝説の怪獣造形師　原詠人の世界』展は、なかなかの賑わいを見せた。とにかく造形物の迫力が凄いので、通りすがりの買い物客もついつい足を止めてしまう。特に二メートル五〇センチの新聞紙ゴジラは、映画の撮影に使われる着ぐるみよりも大きく、しかも近くに寄って見ると、それが新聞紙という身近なマテリアルで作られていることが誰にでもわかる。

会場には、原さんが岐阜のマネキンメーカーであるパールイデアとコラボした、新作怪獣パルマネラも飾られていた。これは原さんが新聞紙で作ったオリジナルの怪獣のヘッドモデルを元に、陶器のお香立てにしたものだ。大きく開いた怪獣の口からお香の煙が立ち昇るという小粋な趣向の商品である。これも原さんが地元のカルチャースクールで粘土造形の教室を始めたことから縁ができて実現した企画なのだった。原さんの怪獣造形人生は、明らかに第二章に突入していた。

色んな人が渋谷東急プラザに足を運んでくれた。なかには現役の特撮番組で造形を手がける造形作家もいた。怒涛のような二日間のトークを終えると、原さんと二人して幕張メッセへと向かう。渋谷から幕張のワンフェス会場までは徒歩も含めると一時間以上かかるわけだが、ワンフェスが終了するのは五時だから会場に到着してから動けるのは正味のところ一時間もない。内心では焦りながら、電車のなかで僕は原さんに昔の仲間たちの現況を伝えた。

「荒木さんは福井県とかの博物館の模型をやっとる。そんで白井武志は早期退職して琵琶湖のほとりで釣りやっとる。若隠居ですわ。山本は入院してますねんけど、ネットで俺らのことは見てくれてるからね」実際、原さんとの行動をこまめにSNSにアップすると、その度にヤマもっちんが、イイねをつけてくれていた。原さんと一緒に、病床にいるヤマもっちんの気持ちも背負ってワンフェスに連れて行くのだ。

そしてもちろん、安良さんのことも伝えた。情に厚い原さんの顔が歪む。

「そうかぁ、それはセンムはええことをしてくれたもんやな……」

ワンフェス会場に着いた。とりあえずジロー模型のブースに向かった。銀ヘルと原さん、三七年ぶりの再会である。銀ヘルは、原さんが初めて海洋堂にやってきた頃からの、原造形の理解者だ。今回のワンフェスで僕が原さんと会わせたかったのは、まずはセンムと銀ヘル、そして原さんを尊敬する現役の原型師たちだった。ただし、センムと会うのは無理だろうなとは思っていた。ワンフェスの最高責任者であるセンムは、朝から自転車で会場内を走り回って複数のイベントをこなし、膨大な人数の関係者と会って話をしては、また自転車で移動するから、海洋堂の社員であっても、ワンフェスの最中にセンムをつかまえるのは至難の業だ。だからセンムに関しては、原さんとの再会劇をなかば諦めていたのだ。とりあえず、少年の頃に原さんの作品と出会って自らも造形の道を志すことになった、言うなれば原詠人チルドレンに、本物の原詠人ご本人を紹介しなければならない。

「原さん、こっち来て！　会わせたい現役の原型師が何人もおるのよ。彼らは、子供のときに原さんの造形に出会って、それで人生が変わってしまったと言うんよ」

テレビのドキュメンタリーがあったから、多くの原詠人フォロワーたちも最近の原さんの風貌は知っている。彼らの出店ブースに原さんを連れて行って、全力で手を振りながら「連れてきたよ！」と声をかける。三十代、四十代のいい大人の原型師たちが、原さんの存在を目で捉えた瞬間に、少年のような表情になったのを、僕はおそらく死ぬまで忘れない。原さんの影響を受けた人たちのなかには、怪獣の造形に進んだ人たちだけではなくて、原さん自身には作れないような艶めかしい女性のフィギュアを作る人もいる。その作品は表面的には原さんの造形とは似ていないのだが、造形作品が持つテクスチャーというか色気という意味では原詠人のなにがしかを継承しているのだ。

原詠人をリスペクトする原型師たちのブースに立ち寄るたびに、原さんは彼らの作品を全力で見つめて忌憚のない意見を口にする。

「このキンゴジは、あれやろ？　穴に落ちる前の瞬間やろ？」

自分よりはずっと若い世代が作ったゴジラを見ながら原さんが語るポイントはすべて的確なもので、それを指摘された造形家がまた嬉しそうに答える。まったく、素敵な光景を見せてもらった。

とりあえず、絶対に会わせたかった人たちとは合流できたが、原さんはその全員と熱く語り合うものだから、もう時間がない。僕たちは、復刻された84年版ゴジラのソフビキットを買うために海洋堂高知のブースへと向かった。

「今の海洋堂は高知に自前のソフビの工場があるんよ」なんて会話をしながら、終了間際で人影もまばらになった幕張メッセの隅っこで、見覚えのある自転車にまたがった丸い背中を見つけた。

「センム！　連れてきたで！　センム！」

僕の声に振り返って原さんを視認した瞬間のセンムの顔がまた忘れられない。おそらくセンムも原さんと会えるとは思っていなかったのだろう。僕は懐かしげに談笑する二人の写真を撮った。そう、何よりも今のセンムと原さんが並んでいる写真を撮りたかったのだ僕は。

「モドキ！　お前も入れ！　自撮りせぇ！」

センムに言われて、原さんを真ん中に三人で写真を撮る。

センムと原さんとモドキ
ワンダーフェスティバル2024会場にて

この日は原さんの案内役に徹するつもりでいたのだが、センムの視点から見ると、モドキが原さんをワンフェスに連れて来よった！　という話なのだ。そうなのだ。僕もまた、海洋堂という大きな物語の登場人物の一人であって、単なる傍観者ではないのだ。

「打ち上げやろうや！　何でも、あんたが食べたいもの言うてや」

渋谷に戻った原さんと僕は、東急プラザのお好み焼き屋で乾杯した。

帰りの路では、原さんのほうが僕のことを色々と訊ねてきた。近所の本屋で『海洋堂創世記』を見つけたのは本当に偶然だったのだが、読んでみると自分のことがたくさん書かれているし、著者は映画監督で脚本家として円谷プロの映画に参加したというから驚いたのだと。

「海洋堂から円谷プロて、どんな人生よ！　大冒険やないか。聞かせてくれよ、あんたの話」

原さんには何度も驚かされてきた僕だったけれど、まさか自分のほうが原さんを驚かせていたとは、今の今まで考えたこともなかった。

「いやまあ、色々あったんやけどね……」いささか恥ずかしい気持ちを抱えながら、僕は原さんに自分の来し方を語ることにした。

初めて門真の海洋堂を訪れてから、ちょうど四十年の月日が経っていた。

あとがき

とりあえず、この本に登場する人たちと、ここにはとても書ききれなかったけれど、あの時代、海洋堂と、ガレージキットという、生まれたばかりの小さな文化に関わっていた、大勢の人たちに感謝します。そしてもちろん、この本の出版に関わってくれた人たちにも深い感謝を。

何年も前から、あの時代に、あの場所で起きた出来事について、誰かが書き残しておくべきだと、ずっと思っていました。なので、おぼろげな記憶を頼りに、自分の目で見たこと、自分の耳で聞いたことだけを書きました。多少の記憶違いはあるかも知れないけれど、ともかく実際にあったことばかりです。

今や、コンビニにも精巧なフィギュアが並んでいます。それも大量に。

こういうものは昔は無かったのだから、あの時代に、あの場所で行なわれたことは、少しばかり世の中の風景を変えたのだと思います。

歴史は繰り返すと言うけれど、僕が見たのは、おそらく一度しか起こりえない出来事でした。

それが読者の皆様に少しでも伝われば幸いです。

樫原辰郎

著者略歴

樫原辰郎（かしはら・たつろう）

脚本家・映画監督。一九六四年、大阪生まれ。大阪芸術大学文芸学科中退。在学中の一九八四年から一九八七年頃にかけて、大阪門真市の海洋堂ホビー館に関わり、組立、宣伝などに携わる。著書に『『痴人の愛』を歩く』（白水社）、『帝都公園物語』（幻戯書房）、『ロックの正体——歌と殺戮のサピエンス全史』（晶文社）、共編著に『吉田健一ふたたび』（冨山房インターナショナル、川本直共編）、『吉田健一に就て』（国書刊行会、川本直、武田将明共編）。

海洋堂創世記（かいようどうそうせいき）［60周年記念版］

二〇二四年 一〇月一五日 印刷
二〇二四年 一一月 五 日 発行

著 者……樫原辰郎

発行者……岩堀雅己
発行所……株式会社 白水社
東京都千代田区神田小川町3の24
〒一〇一-〇〇五二
電 話……〇三-三二九一-七八一一（営業部）
〇三-三二九一-七八二一（編集部）
振 替……〇〇一九〇-五-三三二二八
URL……www.hakusuisha.co.jp
印刷……株式会社理想社
製本……株式会社松岳社

ISBN978-4-560-09141-8